2019

全球珍珠行业
发展报告

GLOBAL PEARL INDUSTRY DEVELOPMENT REPORT

张秋丰 尹翠玲 王 波 乔 莹 编著

海洋出版社

2019年·北京

图书在版编目（CIP）数据

全球珍珠行业发展报告 / 张秋丰等编著. — 北京：
海洋出版社, 2019.11
ISBN 978-7-5210-0476-2

Ⅰ. ①全… Ⅱ. ①张… Ⅲ. ①珍珠－渔业经济－经济
发展－研究报告－世界 Ⅳ. ①F316.43

中国版本图书馆CIP数据核字(2019)第246858号

责任编辑：苏　勤
责任印制：赵麟苏

海洋出版社 出版发行
http://www.oceanpress.com.cn
北京市海淀区大慧寺路 8 号　　邮编：100081
北京朝阳印刷厂有限责任公司印刷
2019年11月第1版　　2019年11月第1次印刷
开本：889mm×1194mm　　1／16　　印张：10.25
字数：230千字　　定价：198.00元
发行部：62132549　　邮购部：68038093　　总编室：62114335
海洋版图书印、装错误可随时退换

主要编写人员：

张秋丰　自然资源部第四海洋研究所二级研究员

尹翠玲　自然资源部第四海洋研究所高级工程师

王　波　自然资源部第四海洋研究所助理研究员、博士

乔　莹　自然资源部第四海洋研究所助理研究员、博士

何伟东　自然资源部第四海洋研究所在读研究生

参与编写人员（排名不分先后）：

王世全　广西南珠宫投资控股集团有限公司董事长

刘如华　北海市水产技术学校

贾友宏　北海市秀派珠宝有限责任公司高级工程师

珍珠产业的里程碑

　　珍珠，是唯一从动物肉体内形成的有机珠宝。二十世纪初，因产出极少，比钻石还稀少、贵重。1905年，日本的御木本先生成功培育了马氏贝人工插核圆珠，进行商业化养殖，并注册了专利。日本政府奉其为民族英雄，并以法律形式颁布了"珍珠三原则"：养殖、加工技术不得外传，在国外养殖所得通通运回国内。日本每年海水插核珠80吨、淡水无核珠20吨，垄断全球生产和销售近百年。

　　中华人民共和国建立之初，千疮百孔、百废待兴，有意识地忽略了并非必需的珠宝首饰行业；二十世纪七十年代末，我本人阴差阳错地被分配去从事珠宝出口业务，为社会主义建设换取急需的外汇。经调查研究后，得知毛泽东主席和周恩来总理均对珍珠有所关注；而且，珍珠是"珠宝玉石"学科内，唯一可以在我国大规模生产的门类，于是将之列为工作之重中之重。几十年下来，从年产几十千克发展到数千吨，成为无可争议的珍珠大国、强国。

　　华夏民族是最早发现并使用珍珠的民族，且流传了诸如"合浦珠还"、"西母怀珠"之类的美好传说，早在宋朝就曾人工养殖。被尊称为"中国珍珠之父"的熊大仁教授从日本留学归国后，就专注珍珠养殖。1958年，在他指导下，何秀英同志在广西北海培育出了第一粒"南珠"，当即为毛主席、周总理所关注，里程碑式地扩展了新中国的珍珠产业，两广海水、江浙淡水，外贸公司全数收购，产量逐年上升。

　　熊大仁教授认为：世界珍珠产业是中、日之争，中国优势在江河湖泊，但是，必须攻克日本人百年来未能解决的"插核"难题，生产圆形淡水珠。1977年，人工繁蚌技术成熟，并得以在民间推广，凡能养蚌的地区均大力发展珍珠养殖。1990年，淡水珠产量已高达500多吨。日本的淡水珠停止生产，马氏贝产量亦降至年产20吨以下，但大力在澳大利亚、印尼等国家扩展黑、白两色的大颗粒"南洋珠"生产，并极力宣传海水珠优于淡水珠，继续掌控世界市场、打压中国。但，总体上中国淡水珠在数量上已占据优势。

1991年6月，熊大仁教授的得意门徒谢绍河先生在第六届"中国珠宝首饰博览会"上，一举拿出了50千克淡水插核圆珠，解决了日本人百年未解的难题，奇迹般地树起了世界珍珠产业的一个里程碑。原国家科委主任宋健题名"绍河珍珠"，乔石委员长题词"绍河珍珠，为国争光！"胡锦涛主席专程视察。淡水插核圆珠不仅从体量上超越了马氏贝，且可以媲美"南洋珠"，世界珍珠产业真正进入了中国时代。

1978年中国改革开放后，农民急于走向富裕，中国珍珠产业恰好应时而膨胀式发展。四十多年来，作为农产品，珍珠令农民富得最广、程度最高，当然应属改革开放之伟大成果！

广西北海亦可归属古代海上丝绸之路的起点，是中国"南珠"的发源地，也是中国养殖珍珠产业的发源地、第一座里程碑；习近平主席倡导"一带一路"建设，并专程视察了北海，当地领导重提"振兴南珠"，自然资源部第四海洋研究所研究人员书写了这份报告：内容详实、视野开扩。

种种迹象表明，随着习近平新时代中国特色社会主义思想的深入贯彻，新一轮的"合浦珠还"即将到来，毫无疑问这必将是珍珠产业新的里程碑！

2019年11月7日于北京

前 言

中国是世界上最早发现和利用珍珠的国家，也是人工培育珍珠最早的国家，在世界珍珠发展史上具有举足轻重的地位。中国海水珍珠（南珠）历史悠久，以其浑圆剔透、光润晶莹、玲珑雅致、光彩耀目的上乘品质闻名于世。北海作为南珠的故乡，南珠产业是北海海洋产业中最具资源优势和文化内涵的特色优势产业。然而，由于受到技术创新不足、城市建设、气候变化、环境污染和产业布局变化等影响，南珠产业日渐衰退。在2016年9月全球影响力最大的香港珠宝首饰展览会中，珍珠展品总成交额达3.85亿美元，但南珠成交额仅有2万美元。中国著名的南珠之乡已经出现"珠乡无珠"的窘境。为深入贯彻党的十九大精神和习近平总书记视察北海的指示精神，落实广西壮族自治区党委政府和北海市委市政府关于加快振兴南珠产业的决策部署，北海市委、市政府为南珠振兴出台了多项支持政策，并决定于2019年12月举办北海南珠节暨国际珍珠展。

为了全面了解全球珍珠产业发展实际，综合分析中国南珠产业发展中存在的问题，探讨产业发展的方向和对策，北海市人民政府委托自然资源部第四海洋研究所编制《全球珍珠行业发展报告》。

为了高质量完成本报告的编制，自然资源部第四海洋研究所专门成立了编写组，在张秋丰研究员带领下共同开展此项工作。报告的编写历时半年多，期间，编写组编制了报告大纲，并顺利通过了专家评审；随后，先后到广东湛江徐闻的珍珠养殖场、海南陵水县新村镇海陵珍珠养殖场、浙江诸暨佰成珍珠养殖场、热带水产研究开发中心的珍珠贝保种基地等进行了调研，走访了浙江诸暨珍珠小镇、华东国际珍珠城、苏州渭塘中国珍珠（宝石）城、浙江省珍珠行业协会等行业组织及企业，同时调研了法属波利尼西亚的Tahaa岛珍珠农场、WAN珍珠博物馆，日本的御木本幸吉珍珠纪念馆、三重县伊势湾珍珠养殖农场、三重县部分珍珠加工厂，获得了大量的一手资料，为报告的编制奠定了坚实的基础。

　　报告的顺利编撰得益于专家学者们的悉心指导和相关单位的大力协助。在报告的调研和编制过程中，北海市南珠振兴领导小组组长、北海市政协主席李蔚，北海市委常委、副市长陈新，北海市振兴南珠产业办公室主任洪伟伟等领导；上海海洋大学白志毅、杨金龙等老师，广东海洋大学章超桦、杜晓东等老师；中国水产科学研究院南海水产研究所马振华研究员、李有宁研究员等给予了大力帮助。感谢世界珍珠协会主席何乃华先生以及谢绍河、杜晓东、洪一江、洪小龙、白志毅、石坚、李琼珍、庞瑞友、邹杰等专家对报告及大纲提出的宝贵修改意见，同时，还要感谢何乃华先生亲自为本书撰序。

　　在报告调研过程中，得到了北海市珍珠协会、浙江省珍珠行业协会、广西南珠宫投资控股集团有限公司、北海市秀派珠宝有限责任公司、北海市旺海珠宝有限公司、北海汇善珠宝有限公司、日本真優有限公司等单位的大力协助，在此表示衷心感谢。

　　同时，报告的编制也得到了自然资源部第四海洋研究所领导的高度重视和大力支持，黄海波等所领导多次布置和过问编写事宜，在各个方面为编制工作提供了良好条件。

　　最后，由于时间仓促，可供参考的文献资料较少，调研的也不够充分，特别是限于作者水平，书中疏漏之处在所难免，敬请大家批评指正。

目 录

第一章
珍珠与珍珠产业概述

第一节　珍珠概述

一、珍珠名称的由来

珍珠，历来被视为奇珍至宝。它象征纯真、完美、尊贵和权威，与璧玉并重，同钻石、红宝石、蓝宝石、祖母绿和翡翠一起被誉为"五皇一后"。

图1-1　珍珠

说到"珍珠"一词的使用，许多中国古籍中称为"真珠"，意指珠质至纯至真的药效作用。早在我国古籍《尔雅》中，就把珠与玉并称为"西方之美者"。司马迁所著《史记田敬仲完世家第十六》中，则有"经寸之珠"的描述，即是海河所产的圆形之玉的意思。东汉建初四年《白虎通义》中记载"江出大贝，海出明珠，德至八方则祥风至佳气时喜"，其中"海出明珠"就是指海产珍珠。明万历李时珍编撰的《本草纲目》将"真珠"解释为"珍珠""蚌珠"。直至近代，珍珠的名称则渐渐通用，为大众所熟知。而在日本，日文中至今仍使用"真珠"一词。

二、珍珠的形成及分类

（一）珍珠的形成

珍珠是如何在珍珠贝体内形成的呢？自古至今都引起了许多学者的关注和兴趣。为了解开这个谜题，他们在不同的时代背景和不同角度下对珍珠的形成做出了解释，提出了各自的结论。但是受不同时代科学水平和研究手段的限制，珍珠形成的认识过程是逐步由神话走向现实，由愚昧无知走向科学发展。

在古代，由于科学技术落后，对珍珠形成的原因仅停留在奇思异想和民间神话传说的水平。在晋代，就有"鲛人从水出，寓人家积日，卖绡将去，从主人索一器，泣而成珠"的记载，认为珍珠来自"鲛人泣珠"。即使到了宋代，《文昌杂录》中在记录养珠法的时候，仍记录"蚌蛤采月华，经两秋而成真珠矣"，认为珍珠是蚌采集日月精华而成。而在古印度神话中，也认为珍珠是夜空露滴从天降下浮于水面的贝类而形成的。古罗马学者C. Plinius同样也认为珍珠的形成是受贝壳上露滴的影响而形成的。

西晋潘岳《沧海赋》中记载"煮水而盐成，剖蚌而得珠"，证明中国古代对蚌生珠已有初步的感知，已经将珍珠和珍珠蚌联系起来。汉代刘安《淮南子》有载"明月之珠，螺蚌之病而我之利也"，宋代陆佃《埤雅》记载"其孕珠若怀妊然，故谓之珠胎"，都认为珠胎的形成是由珍珠蚌的疾病形成的，表明古代人们对于贝类受到外界异物刺激而形成珍珠已经有了朦胧的认识。

自16世纪中叶开始，随着科学技术的发展与进步，国外学者逐步对于珍珠的成因有了较为科学的解释。针对珍珠的形成，逐步形成异物及寄生虫成因说、珍珠囊成因说、外套膜片体内移植学说、表皮细胞变性原因学说，等等。不同的学说逐步发展，最终将珍珠的形成原因集中在珍珠囊的形成。珍珠囊学说的建立，对于珍珠人工养殖的生产和发展起到了巨大的推动作用。珍珠囊学说使人们了解到，珍珠的形成主要是由于沙粒等异物偶然侵入贝体内，然后刺激外套膜的表皮细胞陷入结缔组织中包围异物而形成珍珠囊，最后分泌珍珠质而形成天然的珍珠。但是到底是什么样的条件和偶然机会，才能使沙粒等异物进入贝体并刺激外套膜包围异物形成珍珠囊，最终形成珍珠？这个问题仍需继续研究和探索。特别是应着重从贝体的新陈代谢系统研究入手，与生物结晶学等科学相互结合，才能彻底弄清珍珠的成因。

（二）珍珠的分类

珍珠的分类，根据不同角度具有不同的分类方法。

1. 按出产水域划分

按出产水域划分可分为海水珍珠和淡水珍珠。海水珍珠产于海水贝类，如马氏珠母贝、大珠母贝、珠母贝、企鹅珍珠贝等贝类所产珍珠。淡水珍珠产自淡水河蚌，如三角帆蚌、池蝶蚌、褶纹冠蚌等蚌类所产珍珠。

2. 按形成划分

按形成划分可分为天然珍珠与人工养殖珍珠。

天然珍珠是天然形成的，珍珠贝在生长过程中，受外界刺激或病理变化，引起外套膜部分表皮细胞随着刺激源陷入外套膜结缔组织中，形成珍珠囊，分泌珍珠质包裹刺激源，最终形成天然珍珠。

图1-2 天然珍珠之最——老子之珠

（图片来源：http://news.zocai.com/czbzs/201309220004.html）

人工养殖珍珠，相对于天然珍珠而言，顾名思义不是天然形成，而是人们在掌握珍珠形成的机制后，根据天然珍珠形成的原理，切取珍珠贝外套膜组织的小片，与珠核一起插入珍珠贝体内生殖腺或者其他部位，使小片上皮细胞绕核生长分裂形成珍珠囊，最后分泌珍珠质覆盖珠核而形成珍珠。

图1-3　人工养殖珍珠贝

（注：图示为吊笼养殖的马氏珠母贝幼贝，拍摄于海南陵水）

　　人工养殖珍珠根据插核生产方法不同，又分为无核珍珠（只插细胞小片）、有核珍珠和附壳珍珠（在外套膜与贝壳之间黏着半圆珠核、造型珠核等）。

3. 以珠径和色彩划分

　　按珠径划分可分为粒珠、细珠、小珠、中珠、大珠、特大珠。粒珠直径在2.6毫米以下；细珠直径在2.6～4.9毫米之间；小珠直径在5.0～6.8毫米之间；中珠直径在6.9～8.4毫米之间；大珠直径在8.5～10毫米之间；特大珠一般为大型贝类（大珠母贝、三角帆蚌等）所产，直径在10毫米以上。

　　按珍珠色彩可划分为黑珍珠、白珍珠、粉珍珠、

图1-4　附壳造型珍珠产品

蓝珍珠、金珍珠等多种颜色的珍珠。

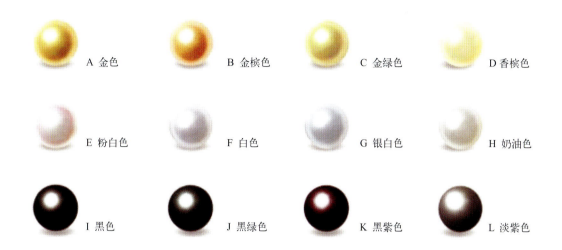

图1-5 不同颜色的珍珠

（图片来源：http://www.51sole.com/b2c/b2cdetails_3589407.html）

4. 按用途划分

按用途可划分为工艺珠和非工艺珍珠。

工艺珠主要用于制作珍珠饰品，用于工艺的珍珠，对于品质要求较高，形状要好，色泽要亮丽。

图1-6 珍珠工艺饰品

（图片来源：PEARLS—JEWELS FROM THE SEA）

非工艺珠即为用作入药或者美容保健的珍珠。药用珍珠对于形状、色泽要求不高，但要求珠质要纯，不可以掺杂其他化学药物成分，也不可用其他化学药物进行处理。美容保健方面则主要用于制作珍珠粉、美容养颜化妆品和保健品。

图1-7　珍珠美容产品

三、珍珠的文化内涵

珍珠，由于宝光莹润，色泽艳丽，自古就受到人们的喜爱，被视为是一种美的享受。很多人认为珠宝首饰作为装饰，只要和衣服、场合相适宜就是完美的搭配，其实珍珠所包含的文化内涵远非如此。

在西方传说中，珍珠是月神的宝石，被奉为6月的生辰石，是月神的眼泪滴到蚌壳内而生成了珍珠，具有避难护身的作用。在印度神话中，珍珠具有强大的守护力量。在世界人民心目中也象征着贞洁、诚实、和平、健康。

而在中国古代，珍珠还跟人与自然和谐相融的风水思想息息相关。中国的传统文化，把万物用金、木、水、火、土五行归类，万物皆属五行。古人认为珍珠属于极水之物，气与水二者相辅相成是不可或缺之要素，水乃气之源头，风生水起、财源滚滚、运转顺畅、如意平安，佩戴一颗颗"珠圆玉润"的珍珠可以提升运势。同时，珍珠也是中国佛教七宝之一，代表着健康长寿和吉祥的意义。

民间根据珍珠的特性和形成过程，对珍珠的品性进行总结，并归纳出珍珠具有"五德"[①]，完美地解释了为什么珍珠如此受到人们的喜爱。

一德：容

容，即容纳古今。珠贝用最柔软的心包容和孕育新的生命。可以说没有容纳就没有新生命的诞生，没有容纳则生命会平淡无奇，没有容纳珠贝就只会是一只平淡无奇的珠贝，就不会有精彩的珍珠出现！一个容字，造就了珍珠不凡的一生！

二德：忍

忍，即忍耐磨砺。女性生育需要十月怀胎，而珍珠则需在幽暗的水底、在闭合的母体内耐心地修炼，日复一日、年复一年地分泌珍珠质，从最开始的3年左右的母贝育苗到至少2年左右的珍珠生长；这种忍耐是必须的，没有深厚的积淀，就没有出世那一刻耀眼夺目的光芒和美丽；高贵的品质，须从磨砺中得来。磨砺累积，坚守信念，忍耐成就珍珠！

三德：修

修，即修炼自己。珍珠与女人一样，一生都在修身修心，一切外在的表现都是内心修得的成果。她不仅外表优雅美丽，而且组成她的成分都是提供健康、美丽的因子；她不仅可以做首饰，增添光华，还可以做养生美容品；修，是汲取自然天地之精华，修成18种氨基酸、20多种微量元素；而且含量丰富、结构比例堪称奇妙；古医家称为"服食令人长生"。

四德：圆

圆，即圆润饱和。女性处世圆润内敛，不露锋芒，是包涵对生活的热爱之心。以同心圆累积而成，圆满光滑；一颗珍珠的形成，可能需要几千上万层珍珠质层层叠加而成，紧密融合，却丝毫看不出层次的感觉。在生长的过程中，始终围绕圆的形状，追求恒定。始终追求圆的成型，是因为她有一个核心，同心成长，方可成圆。同心圆也象征着"一家团团圆圆""圆满幸福"之意。

[①] 王荣.珍珠项链式教学方法[J].21世纪：理论实践探索.2010(6):211.

五德：润

润，即润泽含蓄。女人如珍珠，美而不骄；无钻石之耀眼，无黄金之张扬，内敛、含蓄；外形柔润，然内质极硬、性属有机物，与钻石等无机物的硬又迥异；沉潜于极阴之处，由水滋养、孕育于生物体内，吸大海之精华、汲日月之灵气，乃成温润之态；于自然日光下看，隐约闪现七彩虹光，珠光已成为光泽中最优雅、高贵的色。

四、珍珠的价值

自古至今，人类对于珍珠的利用，范围极广，形式多样，从宝物、贡品、装饰品到药材，多种多样。

（一）装饰用品

做成装饰品，是珍珠的主要利用形式。由于珍珠的晶莹润泽，自古至今，珍珠多用来制成各种装饰用品，用来佩戴。而珍珠的佩戴，除了满足人们对美的追求，同时也是身份和地位的象征。在中国古代，周文王发髻之上，要兼加珠翠翅花；秦汉皇帝、妃子、宫女、官宦夫人等头上，都要顶戴珍珠首饰；明代点翠凤冠上，装饰有5 000颗珍珠；清朝皇帝及官员的顶冠、衣着均有不同大小、不同数量的珍珠作为装饰，以区分地位尊卑高低。

图1-8　由珍珠镶嵌的凤冠

（图片来源：http://blog.sina.com.cn/s/blog_6b85a8160102x3zz.html）

　　清朝时，除了上述珍珠制饰品外，还有一种更为特别的饰品——朝珠。清朝朝珠为王公大臣上朝所穿戴，由108颗珍珠组成。其中4颗大珍珠将108颗珍珠分为4份，称为分珠，象征四季。朝珠上还有3串小珍珠，分别由3颗小分珠构成，象征一个月的上、中、下三旬。朝珠需文官五品之上、武官四品之上才可佩戴，自然是身份地位的不二象征。

图1-9　用珍珠制作的朝珠

（图片来源：http://book.kongfz.com/198352/811293841/）

　　现代珍珠用于装饰的形式更为多样化，工艺也更为精细。除了高级礼服、衣物、工艺品上的点缀，还可以制成项链、耳坠、戒指、手链等多种饰品。而不同年龄和性别的人，对于珍珠样式和珠色的爱好也各不相同。如年轻妇女，喜爱佩戴白色珍珠制成的珍珠项链；也有人喜爱佩戴黑色珍珠项链；同样也有以单个珍珠制成的戒指、耳环等。

（二）药用价值

　　在中国，珍珠作为名贵中药材的历史悠久。自三国《名医别录》，唐朝《海药本草》至宋朝《开宝本草》中，均对珍珠的药用效果做过叙述和记录。明代，李时珍所著《本草纲目》记录"珍珠主治镇心……涂面，令人润泽好颜色，涂于足，去皮肤逆胪……"，"珍珠入厥阴肝经，故能安魂定魄，明目治聋"。据传慈禧太后为了永葆青春，也会定期服用珍珠粉末。中国民间也有"吃了珍珠，长生不老"的谚语，虽然夸张了珍珠的药用价值，但是由于珍珠含有丰富的钙质和微量元素，这句谚语也是有一定事实基础的。

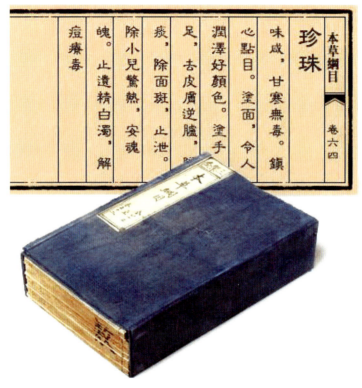

图1-10　本草纲目中珍珠药用记载

（图片来源：http://www.zuoan.com/product-2.html）

近代，中国1963年出版的《中华人民共和国药典一部》，1977年出版的《中药大辞典》以及《中华人民共和国药典》中，都对珍珠的药用价值做出了系统的归纳：珍珠具有镇心安神、养阴息风、清热坠痰、去翳明目、解毒生肌等功效。而中医药行业也根据珍珠的药理特性，以珍珠与其他药物配伍，研发出如六神丸、小儿回春丹、珍珠丸、喉炎丸等多种中成药。此外，在行军散、赛金化毒散、珍珠膏、珠黄吹口散等中成药中，也都以适量的珍珠为配伍，以增强其药效。

除此之外，患有咽喉炎、甲状腺肿大等病的患者，佩戴珍珠项链，可以起到缓解疾病、强身健体的功效。而以珍珠粉为原料做成的各类面膜、洗面奶等化妆品，可以用来润色皮肤，满足人们的爱美之心。

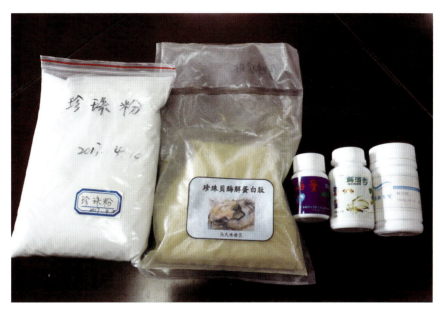

图1-11 利用珍珠及附属物加工成的产品（2019年5月拍摄于广东）

（三）宝物和贡品

在古代，珍珠财宝来之不易，一般平民百姓很少可以见到。珍珠只是作为一种宝物、贡品，供奉给皇帝、朝廷享用。战国《伊尹朝献》中，就有中国南方各族向商王进献玳瑁、珠玑等特产品的记载；《尚书》中同样有中国淮河流域一带，将珍珠作为宝物贡品向王进贡的记载。此后，地方官吏向皇帝奉献大明珠也成了一种习俗。在唐朝时期，朝廷开始将珍珠向寺院进贡。

图1-12 珍珠视为珍宝（2019年4月拍摄于北海市）

此外，珍珠不但作为活人的饰品、珍宝，同样也作为死人的陪葬品。在近代出土的各朝代的许多帝王将相的陵墓中，也都发现了珍珠。如20世纪80年代出土的马王堆一号汉墓中，就陪葬有数不清的珠宝锦缎。清末《爱月轩笔记》一书也对慈禧太后的珍珠陪葬品做过详细的描述和记录。

在国外，珍珠除了做宝物、贡品外，古印度人还把珍珠作为一种护身符；古锡兰人还将珍珠作为金银琉璃七宝之一，常常在外交中将珍珠作为外交礼品赠送。时至今日，很多国家和民族，仍然有珍惜和喜爱珍珠的传统，将珍藏、佩戴珍珠视为家庭富有、地位尊贵的体现。

五、珍珠的鉴别标准

一般珍珠的鉴别标准主要是依靠其物理特性进行鉴别，主要包括珍珠的形状、珍珠的比重、珍珠的硬度、珍珠的弹性、珍珠的色彩和光泽等。

1. 形状

珍珠的形状主要分为规则形珍珠和不规则形珍珠。规则形即为圆形珠、半圆形珠、椭圆形珠、梨形珠、水滴形珠等。不规则形有尾巴珠、石头珠，多角珠等。

2. 比重

珍珠的比重随品质不同而不同。珍珠比重平均为2.74左右。优质珍珠的比重较大，接近于2.90～3.00，而劣质珍珠比重小于2.00。

3. 硬度

珍珠硬度一般比碳酸钙结晶硬度要高，日本学者使用华氏法测定的珍珠硬度为163，摩氏硬度为3.5～4.5。一般珍珠层包被层数越多，珍珠的质量越好，硬度越高。优良品质珍珠的硬度，高于铜（3），接近于铁（4）的硬度。

4. 弹性

珍珠的弹性，取决于珍珠中壳角蛋白的含量。一般珍珠从70厘米自由下落至玻璃板的跳跃高度为37厘米。质量越好的珍珠，其弹性越好，跳跃高度越高。

5. 色彩和光泽

珍珠的色彩和光泽，是其典型特征之一。根据1981年白井祥平的分类，珍珠可分为7色，即粉红、银白、奶油、金、绿、蓝和黑色。一般黑色珍珠较为特别，只有珠母贝（黑蝶贝）才可产出。

六、珍珠的质量评价标准

到目前为止，世界上还没有一个通用的珍珠质量等级标准。2000年，美国宝石学院（Gemological Institute of America，GIA）在它的珍珠课程中发布了一套针对Akoya海水养殖珍珠和淡水养殖珍珠的等级评定标准，这套标准获得了大部分珍珠从业者和组织的支持，它是目前世界上最广为接受的，也就是大家熟知的A-AAA标准。

这套评定标准中的质量要素有7个：珍珠尺寸、形状、颜色、光泽、表皮质量、珍珠层厚度、匹配度。标准等级的划分从Hanadama到A，Hanadama是最高等级。具体如下：

Hanadama：表皮完美无瑕，光泽强烈；

AAA：光泽非常高，95%以上的表皮无瑕疵；

AA：光泽高，75%以上表皮无瑕疵；

A：宝石级珍珠中最低的等级，光泽一般，瑕疵面积超过25%。

表1-1　珍珠质量评价等级

A-D等级	D	C	B	A	A	顶级
A-AAA等级	A	A/A+	AA	AA+	AAA	宝石级
光泽	一般	好	高	高—非常高	非常高	最高
瑕疵	瑕疵大于25%	40%~70%无瑕	70%~80%无瑕	80%~90%无瑕	多于90%无瑕	98%~100%无瑕
形状	近圆	近圆—圆	圆	圆	精圆	精圆
匹配	好	好	非常好	完美	完美	完美
珍珠质	薄	薄—中等	中等—厚	厚	厚	非常厚

与这套标准不同的是，南洋养殖珍珠和大溪地养殖珍珠的等级评定标准是从A到D的。

A级：完美的表皮或者有非常轻微的生长纹，所有表皮瑕疵少于10%，光泽好；

B级：表皮生长纹总量少于30%，光泽中等；

C级：表皮生长纹总量少于60%，光泽中等到低；

D级：表皮生长纹总量超过60%，光泽低到很低或者无光泽。

此外，广西壮族自治区产品质量检验研究院主持起草的GB/T 35940—2018《海水育珠品种及其珍珠分类》标准已于2018年2月8日在国家质量监督检验检疫总局、国家标准化管理委员会平台发布，于2018年9月1日起正式实施。该标准在中国现行仅有的珍珠专业国家标准GB/T 18781—2008《珍珠分级》的基础上，进一步完善了珍珠的标准体系，明确了海水育珠贝品种及海水珍珠的分类标准。该标准的发布实施将为海水育珠品种及其珍珠的统一命名提供执行依据，为发展现代珍珠产业提供技术支撑，对完善中国珍珠行业标准体系具有重要的意义。

综上所述，A-AAA等级和A-D等级的珍珠分级标准是目前世界上最主要的2种珍珠标准。而不论是使用哪一套质量评价标准，统一的是珍珠珠核上的珍珠层厚度对珍珠的质量和价值影响是最为明显的。

第二节　珍珠产业概述

一、珍珠产业内涵及特征

（一）珍珠产业的内涵

珍珠产业是珍珠产业化的客观表征，是生产与利用珍珠而产生的一系列行为活动的总称。珍珠产业活动主要包括养殖、加工、设计、销售、文化与旅游等。因此，珍珠产业不是单一产业，而是由不同的产业构成，这是由从事珍珠产业活动的异质性决定的。养殖珍珠活动推动形成了珍珠贝苗种业、珍珠养殖业；加工与设计珍珠的活动形成了珍珠加工业；采用不同方式把珍珠销售给消费者的行为形成了珍珠贸易业，例如珍珠（珠宝）店；在从事珍珠活动时形成了具有人文色彩的故事、风俗等造就了珍珠文化，将珍珠文化资源产业化便形成了珍珠文化产业，例如珍珠文化园、珍珠博物馆；将珍珠产业行为与旅游业相融合，催生了珍珠旅游业，例如珍珠体验式旅游。凡是与珍珠有关的珍珠产业构成了珍珠行业。

按照三次产业分类，可以将主要珍珠产业划分为三类产业。其中，第一产业主要为珍珠贝苗种繁育、珍珠养殖；第二产业主要为珍珠加工业；第三产业主要为珍珠贸易、珍珠文旅业。珍珠产业除了主要产业外，还包括相关产业，例如珍珠管理、珍珠资源养护业等。

（二）珍珠产业的特征

1. 独特性

珍珠产业是一个非常独特的产业。一般的养殖产业目标是有生命的有机体，而珍珠产业是海水养殖业中唯一不以蛋白质而以珠宝为主要获取目标的产业。因此，珍珠产业是产品质量效益权重远胜于产量的产业。珍珠再生产过程是自然再生产与经济再生产的有机统一。因此，珍珠产品的生产和加工受到生物规律的制约，必须在尊重生物自然生长发育的自然规律基础上，改进生物生产性能，改善生物产品品质，提高生物对资源的利用率和转化率，实现预期目标。

2. 稀缺性

珍珠生长环境的稀缺导致珍珠资源的稀缺。海水珍珠在全球海域分布不多。中国虽然具有18 000千米的海岸线，但是适合海水珍珠养殖的海域只有南海环北部湾沿岸的广东、广西和海南。所以由于珍珠养殖场地的限制，资源就显得尤为稀缺。此外，由于品种生长环境和条件的限制，某些珠蚌只能在特殊的地区生长，又导致特定品种珍珠的稀缺，如大溪地产的黑珍珠。

3. 分散性

珍珠生产仍属于劳动密集型产业，主要由分散的珠民提供。而珠民生产多在海上、江河、池塘上进行作业，规模较小，生产季节性强。而分散的珠民由于在个体素质、地域文化、传统习俗、生产规模与环境等方面都有差异，使得珍珠的生产质量也参差不齐，难以实现标准化生产。

4. 高风险性

珍珠生产的风险主要来自自然风险、经济风险、市场风险和政策风险等方面。主要包括非系统性风险和系统性风险两方面。非系统性风险即自然风险，包括自然灾害、环境污染等。由于珍珠生产周期长、风险高，故需要通过创新活动安排以分散或消除各种非系统性风险。系统性风险则包括经济风险、市场风险和政策风险等，系统性风险具有不可分散性。

5. 脆弱性

珍珠产业与其他产业在空间、投资、政策等方面竞争时，其总体规模不大，效益偏低，对财政额贡献较小。对政府来说，珍珠产业作为非生活必需品，并不是一个关系到国计民生和日常生活的基础性产业。因此，珍珠产业的生存和发展问题常常得不到重视。

二、珍珠产业体系构成

珍珠产业体系主要由珍珠贝苗种繁育业、珍珠养殖业、珍珠加工业、珍珠贸易业和珍珠文旅业构成。

（一）珍珠贝苗种繁育业

珍珠贝苗是指由受精卵发育经过变态而形成的幼贝。在珍珠养殖上，要通过贝苗的育成，培养成贝进行插核操作后才能得到珍珠。苗种繁育过程主要包括育苗池、过滤池、储水池、机械设备等育苗设施的准备，亲贝选择、人工授精、胚胎发育观察、幼体培养、饵料培养等技术手段。

人工育苗是指采用野生珍珠贝作为亲本，在人为环境条件下，将雄贝和雌贝按比例配合，以化学或者物理方法诱导亲贝排放精卵使其受精，或者以解剖方法，取其精卵在容器内受精。受精以后，健康的胚体通过继续人工培育，成为珍珠贝苗。

现在中国珍珠产业中多采用人工育苗获得可以插核的成贝。最早是由中国水产科学研究院南海水产研究所和中国科学院南海海洋研究所等单位研究成功，在实践推广过程中不断完善和改进，目前已经普遍应用于中国马氏珠母贝、大珠母贝、企鹅珍珠贝等主要珍珠贝的育苗过程中。其中大珠母贝和珠母贝的人工繁殖成功率都很高，但关键是幼苗养殖成活率十分低下，未能实现产业规模化的生产来满足插核需求。对于珠母贝而言，国内虽然已有人工育苗记录，但规模不大，目前珠母贝仍是采用传统的自然海区贝苗采集，即在珠母贝繁殖季节，在特定的海区投放菜苗器用来收集自然附着的珠母贝幼苗，再通过幼贝、成贝养殖，培育适合插核的母贝。

对于大溪地、澳洲等国外主要珍珠产区，依靠野外自然苗种采集已能满足生产需求。政府对于珍珠生产海域有严格的控制，故苗种繁育技术的突破并没有带来产量的无限扩张，而珍珠生产业者大多具有一定的产业自律，合理控制每年的养殖数量，同时也保证了市场流通珍珠的品质和价格。

（二）珍珠养殖业

珍珠养殖业是指通过养殖珍珠贝进行培育珍珠的产业行为的总称，主要包括珍珠贝养殖和珍珠育珠两个环节。其中珍珠贝养殖是珍珠养殖的重要部分，珍珠贝的养殖过程既包括贝苗的海区养殖，又包括了中贝、大贝至成贝的养殖过程。珍珠贝的养殖模式目前主要包括筏式养殖、固定排架式养殖、桩柱式养殖等。筏式养殖设施一般多在深水区域使用，是利用浮筒和排架设计而成，随潮水涨落在水面上下浮动，使珍珠贝吊养水层保持不变，以利于珍珠贝生长。根据结构材料和形式不同又分为竹筏和木筏两种。

图1-13　珍珠贝筏式养殖

固定排架顾名思义是排架固定高度，水层受潮水起落而变化。固定排架优点在于排架设置对于清贝等工作更方便，但是由于水层变化较大，容易出现落潮时贝笼露出水面的情况，影响珍珠贝的生长。

桩柱式养殖即在海区按一定距离成排打下长木桩，在桩的中潮水位高度上，以绳子互相连接，形成坚固的总体。贝笼就吊养在木桩间的绳子上。桩柱式养殖方式结构比较简单，成本较低，但缺点是在硬质底或深水区域无法使用，同时抗风浪能力也较差，木桩容易损坏。

图1-14　珍珠贝桩柱式养殖

对于成贝的养殖，与贝苗养殖略有不同。在贝苗养殖中，重心多关注于贝苗的安全和生长，而成贝的养殖多注重于日常的管理和维护，减少病害感染，预防自然灾害，提高成活率，育成健壮的成贝用于插核育珠。

珍珠育珠包括母贝准备、栓口、小片制作、插核、送片、休养、育珠及珍珠收获等技术内容。此阶段是珍珠育成的核心环节，也是珍珠培育过程中技术操作较为复杂的环节。需要通过挑选，选择贝龄2~2.5年，壳高在5厘米以上，体型端正、健康的珍珠贝用来插核育珠。而后通过物理或者化学刺激，对待插核的母贝进行预处理，促使插核母贝排放精卵，抑制其生理机能，使其处于适宜插核的手术状态。然后将预处理完毕的母贝清洗干净，去除壳上附着的藤壶、海绵等附着物，再进行栓口，将木楔塞入两壳之间，使其露出软体部分，方便插核操作。插核即将珍珠贝外套膜制成的细胞小片和珠核通过手术方式移植入珍珠贝体内。手术后的珍珠贝，需要选择水深5米以上，泥沙底，水面宽广，水流通畅，风浪小，水温不高于28℃，海水比重1.016以上，无污染的海域进行术后休养，以提高珍珠贝的术后成活率。休养期以后，就可将珍珠贝换至贝笼，移至育珠渔场进行养殖。

育珠期的长短主要根据插入珠核的规格、珍珠上层厚度、育珠渔场环境条件等确定。在中国，养殖珍珠若采用小珠核，育珠期为7~9个月；中珠核育珠期为1年至1年半；大型珠核培育时期更久。若培育的是药用无核珍珠，则6~10个月即可收获。但是随着市场发展和珍珠需求量的增加，某些养殖场为了追求利润，人为缩短育珠周期，培养6~8个月就进行提早收获，导致目前市场上多数养殖珍珠珠层薄，质量差，对珍珠产业发展造成不利影响。

珍珠收获是珍珠养殖的最后工序。一般珍珠收获都在11月至次年的2月。由于气温、水温较高时，珠层沉淀快、质地松散，光泽较为暗淡，质量不好，故在高温季节一般不进行收获。收获后的珍珠应及时放入淡水中进行浸泡清洗。

（三）珍珠加工业

珍珠加工业是指基于对珍珠原珠的分类，按照一定的加工工艺，将不同类别的原珠设计开发成工艺品或非工艺品的行为活动的总称。一般分为初加工和精细加工两个阶段。初加工主要包括分选、前处理、漂白、增白、调色、抛光等工序；精细加工则包括后续的成品加工、首饰工艺品的款式设计、金属镶嵌、造型等工序。日本是世界上最早开展珍珠加工的国家，其珍珠加工历史已有80多年，加工技术水平领先于世界，基本垄断了珍珠加工的技术市场。其次韩国、中国也有许多公司、个人在从事珍珠加工的研究和行业。但是整个加工产业由于加工技术、技术资料的相互封锁，总体水平提高很慢，加工水平也参差不齐，每个公司都有自己独特的加工技术环节和加工配方，整个加工产业还是处于各自为政的状态。中国珍珠加工企业主要集中在浙江诸暨，广东湛江，湖南、深圳等地，国内目前拥有各类珍珠首饰企业达到上万家，但大多数企业规模较小，年销售额超过亿元的大型企业屈指可数。不过随着珍珠行业的发展，珍珠的设计和款式慢慢呈现多元化，包括像珍珠胸针，异形珍珠的个性化，服饰、包都借用珍珠来装饰，珍珠已慢慢演变为时尚产品，成为大众消费者喜爱的饰品。消费者也从老年化向年轻化转变，越来越多的年轻人将珍珠变成必备的珠宝首饰。珍珠企业开始从传统的串珠向设计竞争转变。另外，加工非工艺品逐渐在珍珠加工业中兴起，含有珍珠成分的医药品、美容保健品、化工材料等新产品相继问世，进一步推动了珍珠加工业的纵深发展。

（四）珍珠贸易业

珍珠贸易是指以珍珠交易活动为基础而形成的系列市场行为的总和，主要体现在国内珍珠销售和国外进出口贸易两个方面。

在国际市场上，珍珠的贸易随着2007年以来珍珠产品出口退税率的下调，以及2014年以来人民币汇率的不断上升，低附加值的珍珠首饰产品的利润空间变得越来越小。

在国内市场上，珍珠首饰消费市场正在蓬勃兴起，越来越多的国内外珍珠首饰企业开始加大对国内市场的营销和推广力度。在国内市场的竞争中，拥有优质原珠收购渠道、先进的珍珠首饰加工技术和设计理念、广为人知的品牌和完善的销售网络的企业逐渐增多，具有强大的竞争优势，销售和消费市场在逐步向这些优势企业集中。在贸易市场方面，中国逐渐形成了几大珍珠贸易集散中心，包括浙江诸暨市的华东国际珠宝城、江苏苏州市渭塘镇的中国珍珠（宝石）城、江西万年国际珍珠城等产地中心市场，北京红桥国际珍珠市场、上海虹桥国际珍珠城、深圳国际珍珠交易市场、广州珍珠集散批发市场以及香港出口贸易中心等。加工、设计、贸易等多个环节的珍珠从业者依赖着各大珍珠集散中心，相互竞争、相互学习，优胜劣汰，不断推动中国乃至世界珍珠产业的发展壮大。

（五）珍珠文旅业

珍珠文旅业是指珍珠文化产业化与旅游业高度融合的产业形态，既包括珍珠文化资源产业化形成的业态；也包括珍珠"旅游+"形成的业态，或者两者同时兼有。珍珠由于其莹光宝润的特性深受人们的喜爱，同时也凝聚着更多的文化内涵。从古至今关于珍珠的传说、神话、故事数不胜数，"珠还合浦""割股藏珠""鲛人泣珠"等成语词汇也不胜枚举。在某些方面，珍珠不单单只是一颗光鲜的宝珠，而是更多的被赋予了一种文化的内涵。人们通过佩戴珍珠，追求美的感受；人们通过赞美珍珠坚忍不拔、无瑕的品质，立高远之志，塑洁美之心，养儒雅之气，树君子之风，不断追求更完美的自己；珍珠所蕴含的文化内涵，已远远超过其实际的经济价值。珍珠文化，是一笔独特的，巨大的人文财富。打造珍珠文化、充分发掘珍珠文化的人文内涵，已成为提升珍珠价值的一条必由之路。如各珍珠产地打造的珍珠文化节、珍珠旅游节等，都有力地发掘和弘扬了珍珠的文化内涵，又创造了一系列珍珠产业的附加价值。珍珠文化相配套的珍珠旅游项目多种多样，珍珠文化所蕴含的神话故事打造的旅游品牌，丰富了珍珠产业的内容，又达到了对珍珠产业的宣传作用。依托珍珠生产中的育苗、养殖、插核、加工等各个环节开发的体验式旅游项目，可以让消费者亲自体验珍珠生产的每一个环节，甚至亲手操作打造属于自己的珍珠饰品。在满足消费者好奇心的同时，又使消费者体会到珍珠生产的来之不易。

珍珠产业文旅产品的挖掘和开发，在人们生活水平日益提升的今天，不但达到了珍珠产品增值提效，又满足了人们对精神生活的美好追求，已成为珍珠产业不可或缺的一个重要环节，强有力地促进了珍珠产业的蓬勃发展。

第二章
国际珍珠产业

第一节　国际珍珠产业发展沿革

一、古代珍珠认知的萌芽期（1850年前）

从古代中东的出土文物中就已发现了珍珠的踪迹，古人以脚绑石头潜入水底采集珍珠，公元前356—323年，珍珠成为战利品，成为统治者彰显其财富的象征，公元前64年，珍珠的价值更加凸显，人们将其作为一种宝物进行继承，人们对珠宝的追求日渐强烈。到17世纪，由于大量采撷，珍珠分布区域出现急剧资源枯竭，珍珠变得稀少，其作为贵重宝石的地位逐渐被巩固。同时，珍珠被作为一种纯洁的象征，被大量地应用于婚礼等重要场合的饰品（见图2-1）。

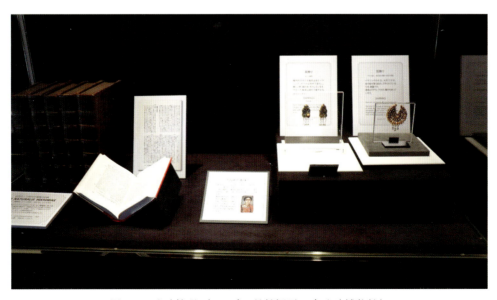

图2-1　珍珠饰品（2019年7月拍摄于日本珍珠博物馆）

二、珍珠采集黄金期（1850—1940年）

1850—1940年为珍珠采集的黄金时期，珍珠商店不断涌现，天然珍珠受到吹捧，价格昂贵。那时人们的珍珠采集热情空前高涨，在20世纪初，波斯湾的河流珍珠采集量非常大。当时在波斯湾的一条船一周就可采集35 000只蚌，在这些蚌里，最大可得到约21颗珍珠，而其中3颗是有价值的，按照3 500条船、4个月的采集期来计算，60 000名潜水员每年采集的珍珠为125万颗，其中18万颗被出售。

波斯湾地区出现此种现象的主要原因在于珍珠需求量的变化与时代的政治经济要素密不可分。1852年，拿破仑三世继位后，周围贵族为了彰显自己的地位，很多妇人将珍珠带在身上，珍珠产业出现繁盛。与此同时，大量中产阶级的出现，也推动珍珠产业的发展。1862年，莫卧儿帝国的最后一位皇帝退位后，许多马哈拉贾从帝国解放出来，成为大富翁，直接带动了珍珠的消费，珍珠的消费达到空前规模。

 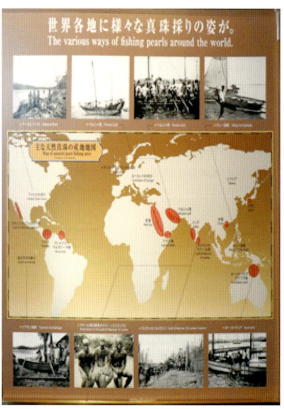

图2-2　珍珠采集热潮空前（2019年7月拍摄于日本珍珠博物馆）

在此阶段，天然珍珠的最大采集区域为波斯湾。但自1857年美国的一名鞋匠在切克布鲁克河流中的蚌内发现一枚大的珍珠后，美国也掀起了对珍珠的探寻热潮。后来利用蚌的贝壳做纽扣的需求越来越大，根据Kunz数据显示，到1906年，美国有8 500人从事河流珍珠的探寻工作（见图2-3）。

图2-3 美国河流珍珠采集

同时，在英格兰和爱尔兰的河流中也采集到淡水蚌珍珠。当时，人们利用一种非常简单的技术采集珍珠蚌，即走到河里利用一个玻璃底的盒子寻找藏在河流底部的珍珠蚌（见图2-4），虽然这些珍珠的品质不如波斯湾，但是因为珍珠漂亮的光泽也常常被用作礼物赠予皇家贵族。

图2-4 英格兰和爱尔兰的河流中珍珠采集

在此期间，位于澳大利亚北岸的阿拉弗拉海以其大珠母贝的产量而闻名（见图2-5），其中，星期四岛屿是澳大利亚珍珠的产地中心。因此，在1877年，此区域吸引了日本的潜水者加入到本地珍珠的采集中。

图2-5　澳大利亚珍珠采集

三、珍珠养殖业的诞生及繁盛期

据日本资料记载，由于中国人最先发现了珍珠贝的外套膜组织可产珍珠才出现了珍珠养殖业的发展。日本珍珠养殖技术的发明者是生物学家西川藤吉（1874—1909年）以及见濑辰平（1880—1924年），当然在日本的珍珠历史上，从事面条行业的御木本幸吉的贡献更引人注目。因此，日本为了纪念御木本幸吉的贡献，修建了御木本幸吉珍珠纪念馆，馆内陈列着御木本对珍珠养殖的研究和发现等资料（见图2-6）。

图2-6　御木本珍珠纪念馆（2019年7月拍摄于日本）

第二节 国际珍珠产业发展现状

一、珍珠贝的分布

珍珠贝的生长发育需要特定的生态条件，目前主要分布在澳大利亚、印度尼西亚、日本、法属波利尼西亚（大溪地）、中国等国家或地区（见图2-7）。根据1994年日本国际珍珠会议的统计资料来看，目前世界上珍珠主要生产国及地区有中国、日本、澳大利亚、菲律宾、印度尼西亚、法属波利尼西亚及库克群岛等。其中，中国目前珍珠产量主要以淡水珍珠为主，而日本则主要以海水珍珠为主，也就是目前所熟知的Akoya珍珠。澳大利亚、印度尼西亚和菲律宾则主要以"南洋珍珠"而出名，驰名中外的黑珍珠则主要产自法属波利尼西亚及库克群岛。

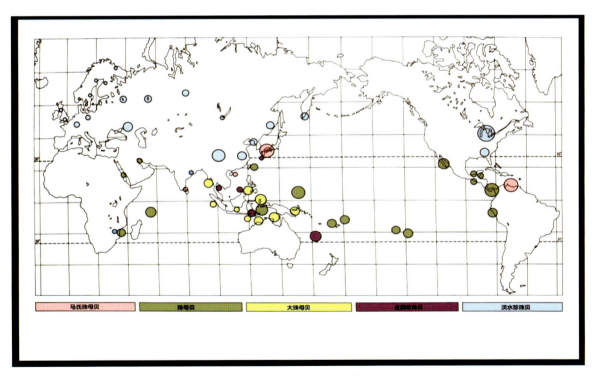

图2-7 世界珍珠贝分布

世界上生产海水珍珠的母贝主要有大珠母贝（*Pinctada maxima*）、珠母贝（*Pinctada margaritifera*）和马氏珠母贝（*Pinctada martensii fucata*）；生产淡水珍珠的母贝主要有三角帆蚌（*Hyriopsis cumingi*）、池蝶蚌（*Hyriopsis schlegelii*）和褶纹冠蚌（*Cristaria plicata*）。

（一）大珠母贝

大珠母贝又称白蝶贝（见图2-8），主要分布在热带或亚热带海域，曾经在中国的涠洲岛和海南的雷州半岛进行过养殖。后来随着环境的变化，中国大珠母贝的养殖数量极少，只在中国南海的南沙群岛中东部海域的美济岛16万平方米贝类保育养殖区还有几千只的大珠母贝，目前尚未插核。在国外，印度尼西亚、澳大利亚和菲律宾是大珠母贝所产"南洋珍珠"的主产地。大珠母贝珍珠的养殖自1927年日本人在印度尼西亚培育出的第一粒人工正圆珍珠开始，1981年大珠母贝珍珠产量达375千克，1998年约5 000千克[1]。

图2-8　大珠母贝标本

（二）珠母贝

珠母贝又称黑蝶贝（见图2-9），分布较广，曾经在中国的海南和涠洲岛进行过养殖，后来随着环境的变化，目前国内珠母贝的养殖为一片空白。而在世界上，珠母贝主要分布在法属波利尼西亚（大溪地）和库克群岛。由于其数量少，珍珠质量好，所以其生产的黑珍珠的价格极其昂贵，每年大溪地举行的珍珠拍卖会吸引了大量来自世界各地的珠宝商。

---

① 张莉，何春林. 中国南海海水珍珠产业研究//中国南海海洋经济丛书. 广东省出版集团广东经济出版社.

图2-9　珠母贝

（三）马氏珠母贝

马氏珠母贝是海水珍珠的主要母贝（见图2-10），主要分布在日本本州及以南，中国的南海和海南岛。目前，在国内主要养殖于广西北海和广东湛江，国外主要在日本的英虞湾、九州、鸟羽等地。

图2-10　马氏珠母贝

（四）三角帆蚌和褶纹冠蚌

三角帆蚌和褶纹冠蚌是目前中国淡水珍珠的主要母贝（见图2-11），养殖区域主要集中在河流和池塘。

图2-11　淡水珍珠蚌[①]（左图是三角帆蚌，右图是褶纹冠蚌）

二、全球海水珍珠贝产量：呈现"波动式增长"趋势

根据联合国粮食及农业组织（Food and Agriculture Organization of the United Nations，FAO）数据显示，1950—2016年全球海水珍珠贝产量呈现"波动式增长"趋势（见图2-12）。主要分为三个阶段，第一阶段为1950—1965年的初步发展期，珍珠贝产量呈现先增长后降低的趋势，其中，1958年达到高峰，产量为1 941吨；第二个阶段为1966—1992年的平稳过渡期，海水珍珠贝产量基本稳定在300吨左右；第三个阶段为1993—2016年的快速发展期，海水珍珠贝产量快速增长，2005年达到3 854.21吨，之后出现小幅波动后于2011年达到顶峰（4 255.81吨）。但是随着珍珠市场的萧条以及养殖环境的变化，全球海水珍珠贝产量出现下滑。

---

① 图片来源：

左图https://baike.baidu.com/item/%E4%B8%89%E8%A7%92%E5%B8%86%E8%9A%8C/1657527?fr=aladdin

右图http://www.baike.com/wiki/%E8%A4%B6%E7%BA%B9%E5%86%A0%E8%9A%8C&prd=so_1_pic

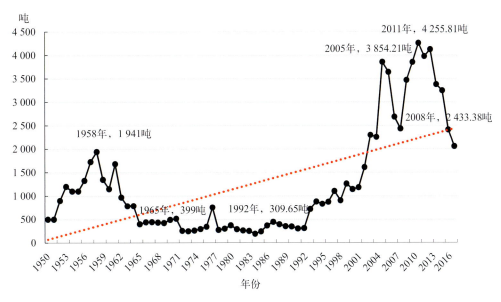

图2-12　全球海水珍珠贝的产量变化趋势

影响全球海水珍珠贝产量变化的因素有两个：一是养殖海水珍珠贝的产量，另一个是捕捞海水珍珠贝的产量。从海水珍珠贝养殖产量来看（见图2-13），1992年是珍珠贝产量的分水岭，1992年之前海水珍珠贝养殖产量基本稳定，1992年之后随着国际市场的变化以及海水珍珠贝养殖技术的发展，海水珍珠贝的养殖产量出现了突飞猛进，而且其变化趋势与全球海水珍珠贝产量的变化趋势相吻合，说明1992年之后全球海水珍珠贝产量的变化主要受到养殖的影响。

从海水珍珠贝的捕捞量来看（见图2-13），1992年之前海水珍珠贝的捕捞量存在两种趋势，一是1950—1965年的初步增长期，二是1966—1992年的稳定过渡期，其变化趋势与全球海水珍珠贝产量相吻合，说明1992年前全球海水珍珠贝产量的变化主要受到珍珠贝的捕捞影响。而在1992年之后，全球海水珍珠贝的捕捞量虽然也出现了一个快速的增长期，但是相比海水珍珠贝的养殖产量来说，对全球海水珍珠贝的产量影响相对较小。

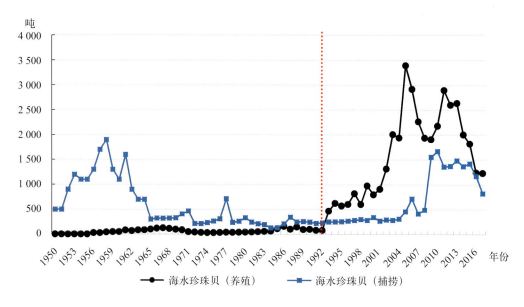

图2-13　全球海水珍珠贝的结构变动趋势

三、海水珍珠贝分布：区域集中明显

根据联合国粮食及农业组织（Food and Agriculture Organization of the United Nations，FAO）数据显示，全球海水珍珠贝的产量分布集中明显（见图2-14）。目前，海水珍珠贝主要集中在法属波利尼西亚（大溪地）、印度尼西亚和澳大利亚这三个国家，从2006年到2017年十年多的数据来看，法属波利尼西亚（大溪地）的海水珍珠贝产量稳居第一，印度尼西亚稳居第二，澳大利亚基本上排名第三。

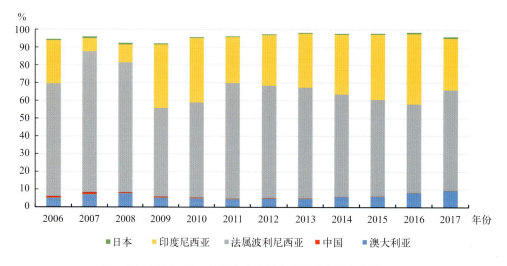

图2-14　2006—2017年海水珍珠贝主产区的产量变化图

第三节　典型国家珍珠产业

一、日本珍珠产业

（一）珍珠贝苗种繁育业

日本的珍珠贝苗种繁育通常包括母贝亲本的选择、刺激精卵排放、采苗器（见图2-15）采苗等三个基本过程。在育苗过程中，单细胞饵料的培养非常关键，主要用来满足贝苗生长所需。

图2-15　日本珍珠贝采苗器

（二）珍珠养殖业

20世纪早期，日本面条商御木本幸吉成功培育了世界上第一颗海水圆形珍珠，从此揭开了日本珍珠养殖的序幕。到了20世纪20年代初期，日本海水珍珠开始批量生产。1920年，日本的淡水珍珠也开始发展，养殖区域主要位于日本最大的淡水湖——琵琶湖沿岸。

后来，随着珍珠养殖技术的发展，至20世纪五六十年代，日本的珍珠养殖业获得史无前例的发展。根据联合国粮食及农业组织（Food and Agriculture Organization of the United Nations，FAO）数据显示，1956年到2016年日本的海水珍珠贝产量主要可以分为三个阶段（见图2-16），第一个阶段为1956—1975年，日本的珍珠贝产量出现了一个大幅度的波动，最高峰出现在1967年，珍珠贝产量达到125吨。由于大量的珍珠涌现，珍珠市场过于饱和，日本海水珍珠行业出现危机，之后政府出台一系列保护政策，日本的海水珍珠贝产量出现了稳步增长，此为日本海水珍珠贝产量发展的第二个阶段。至1993年，日本的海水珍珠贝产量达到72.71吨，之后由于养殖环境的不断恶化，赤潮频繁发生，加上珍珠养殖在其他企业中的占比逐渐缩小，至1999年，日本海水珍珠贝的年产量才24.58吨，于是就进入了日本珍珠行业发展的第三个阶段，海水珍珠贝产量处于稳定的较低水平。

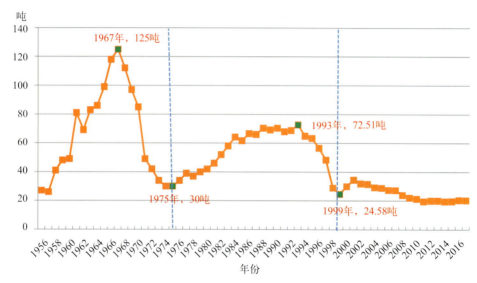

图2-16 日本海水珍珠贝的产量变化趋势

由于珍珠的获取需要经历几个重要阶段，尤其是珍珠贝必须经历植核手术，所以在日本选择珍珠农场必须满足以下几个条件：一是因为母贝插核后需要静养，所以珍珠母贝需要一个安静且便于每日进行插核手术的海区；二是母贝插核后需要被移动到湾口区域，以便获取新鲜的浮游生物饵料，此区域的水温应该在13℃以上，以便于珍珠贝自由生长和活动；另外，当遇到寒流和风浪时，水温低于10℃，珍珠母贝要便于被移走。

鉴于以上条件，根据日本三重县统计数据，目前日本的珍珠养殖区域主要分布在三重县的英虞湾（见图2-17）。另外，熊本、爱媛县一带的海域也有分布。

日本的珍珠养殖模式主要为筏式养殖和浮球养殖（见图2-18），选择这两种养殖模式主要是出于便于操作的考虑。从养殖笼具的选择上，则主要选择片式笼进行养殖，因为片式笼在洗贝机的帮助下更便于清理贝体表面的附着物。

图2-17　日本珍珠养殖农场分布

图2-18　日本珍珠养殖模式——浮筏吊养

因为目前日本从事珍珠养殖的多为年长者，现代青年无人愿意从事这项繁重而艰苦的工作，图为日本三重县伊势志摩湾珍珠养殖农场的插核人员在插核（见图2-19）。由于日本珍珠养殖条件有限，地震多，污染严重，严重影响了珍珠的养殖。所以，日本对于海外珍珠的养殖重视程度较高，对养殖业实行了"走出去"战略。许多国家的珍珠养殖场是在日本的投资下发展起来的，日本海外珍珠养殖以大珠母贝和珠母贝珍珠为主。

图2-19　日本珍珠插核

（三）珍珠加工业

日本的珍珠加工技术比较先进。自1999年以后，虽然日本的珍珠产量有所下降，但是日本的珍珠加工技术却在不断改进和完善中，珍珠加工和研究技术处于世界一流，日本利用先进的加工技术进口珍珠进行精细加工后再出口，获得了巨大的利益。例如利用先进技术加工进口的黑珍珠，然后出口到有需求的国家，从中获取高昂的加工费；又如日本以低廉价格进口南洋珠、南珠、淡水珠，然后高价出口加工珍珠。

日本珍珠的加工工艺主要包括预处理、漂白、增白、增光、染色、抛光等工艺流程。珍珠经加工工艺处理后进行筛选、打眼、串链等程序，最终形成漂亮的珍珠项链，日本珍珠博物馆珍珠打眼机（见图2-20）。在日本，部分企业利用珍珠的药用、美容和保健功效将珍珠进行深加工，开发出美容保健品，提升了珍珠产业的附加值。

图2-20 日本珍珠打眼机

（四）珍珠贸易业

在日本，珍珠均通过拍卖会（见图2-21）进行售卖，在定价之前会利用处理器检查珍珠的质量。

图2-21 日本珍珠拍卖会现场

根据联合国贸易（UN Comtrade）数据，日本珍珠的主要进口国及地区为澳大利亚、印度尼西亚、法属波利尼西亚（大溪地）、菲律宾和中国香港特别行政区等。出口国及地区主要为美国、泰国、中国、意大利等。根据2012—2018年的统计数据显示（见图2-22），2017—2018年日本珍珠的进口产值呈平稳状态，出口珍珠产值呈现增长趋势，总体来看日本的珍珠进口产值要大于出口产值，但进出口贸易差额呈缩小态势。

图2-22　日本珍珠进出口贸易价值变化趋势图

（五）珍珠文旅业

1. 珍珠品牌

闻名世界的日本珍珠品牌主要有两个，分别是MIKIMOTO（御木本）和TASAKI（塔思琦）（见图2-23）。目前，只有实体专卖店在出售。然而，由于品牌效应以及进出口税费、商场进驻费、高昂的租金、人工费等等的众多原因，外加人们的崇洋心理，一串款式相同、珍珠等级相同的白色Akoya海水珍珠项链，MIKIMOTO（御木本）和TASAKI（塔思琦）会比国内的著名珍珠品牌贵上好几倍。

MIKIMOTO（御木本）

MIKIMOTO是日本知名度最高的国际珠宝商。自创立开始，MIKIMOTO为全力打造独一无二的高品质饰品，建立起从制作到销售一贯作业的产销体制，严格把关，用近乎严苛的质量标准来甄选珍珠。精挑细选的顶级材料、细致精巧的独家设计、高超精湛的雕琢工艺，使得拥有122年悠久历史的MIKIMOTO成为全球公认的"珍珠之王"。

品牌创始人御木本幸吉（珍珠之父）希望能用珍珠装扮世界上所有的女性。MIKIMOTO继承幸吉先生这一愿望，始终坚持对优雅与美永不妥协、不懈追求的品牌使命。MIKIMOTO自1996年起，历来都是瑞士巴塞尔国际钟表珠宝展的座上宾客，经过长期的发展，御木本更成为极品珍珠的代名词。

因精湛高超的工艺，MIKIMOTO被指定为日本及欧洲皇室的御用珍珠珠宝提供商。日本皇室成员佩戴的所有配饰以及欧洲皇室贵族多次出席重要的典礼场合佩戴的珍珠饰品均诞生于MIKIMOTO之手。

每一款MIKIMOTO珠宝都是经典设计与精湛工艺的绝妙邂逅，MIKIMOTO经销店铺不仅遍布日本，还遍布全球，在纽约第五大道、巴黎旺多姆广场、伦敦新邦德街等时尚地标都开设有店铺，并且于2003年在上海开设了首家专卖店。MIKIMOTO已跻身全球顶级珠宝商之列，享誉世界。

TASAKI（塔思琦）

日本顶级珠宝品牌TASAKI（塔思琦）创立于1954年，是从珍珠、钻石到彩色宝石全系列产品的全球著名高级珠宝品牌。创立至今，TASAKI始终为追求产品的整体最高品质——Total Quality而不懈努力。作为集珍珠养殖、加工、销售为一体的珠宝公司，拥有世界顶级的品质与技术、自己的珍珠养殖基地，同时，TASAKI还是日本唯一一家获得"原石采购权"资格的珠宝商。

TASAKI品牌创立以来，散发出浑然天成光泽的珍珠和放射出极致璀璨光芒的钻石一直是TASAKI的两大要素。精致又光彩夺目，让世界为之瞩目的追求美的精神，蕴含于TASAKI所有的珠宝中。风格游走于古典与现代之间，大胆而超脱的创意，屡次摘得国际设计大奖，成为业内深受瞩目的潮流风向标。作为世界珠宝设计大赛获奖最多的品牌，TASAKI坚信：每一件珠宝的创作，都是对美和爱的由衷歌颂和执着追求，推出了与传统珠宝饰品风格迥异的新款设计，其中像"balance"（平衡）和"refined rebellion"（优雅叛逆）等系列已经成为TASAKI招牌产品。

TASAKI（塔思琦）对于宝石品质的要求，历来以严苛闻名，严格的选材和精湛的工艺与设计师们，用时尚的思维和独特的视角来重新审视并打造珍珠，把珍珠与钻石巧妙地结合，使其闪耀出高品质的光芒，从而衬托出佩戴者独有的耀眼光辉。

图2-23　日本两大珍珠品牌

2. 珍珠旅游业

日本珍珠协会非常注重珍珠的推广和宣传。人民网东京2018年6月12日电（见图2-24），日本三重县在举办珍珠振兴协议会的时候，将与志摩市的住宿业合作自今年秋季开始推出参观珍珠养殖等为主的有住宿的旅游菜单，协会将制作宣传海报及视频，重点向海内外游客和珍珠行业做推广。

图2-24　日本珍珠旅游发展报道

二、法属波利尼西亚（大溪地）珍珠产业

位于南太平洋的法属波利尼西亚，是大溪地黑珍珠的重要产地，这里有数百个珍珠养殖场，产出全球95%的黑珍珠。大溪地珍珠颗粒较大，一般为9毫米以上，色泽一般为透绿、透蓝、透银灰等神秘独特的色泽，每100个植核的珠母贝，只有50个能成功养殖出珍珠，当中只有5颗是接近完美的，优质的黑珍珠年产量不过15万颗，而其中40%通过拍卖会出售，这里每年举行四次珍珠拍卖会，珠农会在拍卖会上把珍珠卖给来自日本、印度、中国和世界各地的珠宝商。

甘比尔群岛为大溪地珍珠的主要产地（见图2-25），位于大溪地群岛东南1600千米的太平洋上，五个岛屿被巨大的珊瑚礁所包围，这里有珠母贝喜欢的环境：未被污染的海水，气候凉爽温度适中，以及富含浮游植物和矿物质的食物来源。

图2-25 法属波利尼西亚（大溪地）黑珍珠的主产区

（一）珍珠贝苗种繁育业

目前，法属波利尼西亚（大溪地）的珍珠贝苗采自天然海区，采苗器为尼龙材料，每年根据不同海区的温度以及水体内贝苗的含量投放采苗器（见图2-26）。一年后，贝苗方被取出培苗器。

图2-26 法属波利尼西亚（大溪地）采苗器

（二）珍珠养殖业

1. 养殖技术

法属波利尼西亚（大溪地）的珍珠也经历了采捕和养殖的历程。目前，法属波利尼西亚（大溪地）的珍珠养殖多采用浮球吊养的方式（见图2-27）。

图2-27 法属波利尼西亚（大溪地）浮球吊养

　　法属波利尼西亚（大溪地）珠母贝养殖区域水深在20～30米，通过浮球吊养，将珍珠养殖的水层控制在4～6米范围内，具体要看不同区域饵料的分布情况，养殖示意图见图2-28。

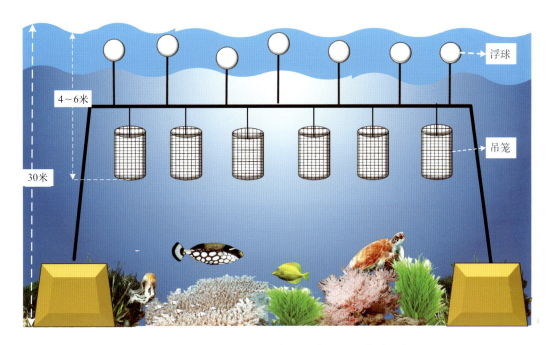

图2-28　法属波利尼西亚（大溪地）珍珠贝养殖示意图

　　珍珠贝的养殖要根据珍珠贝不同的生长阶段进行养殖笼具的更换，主要养殖笼具为片式笼（见图2-29）。

图2-29　法属波利尼西亚（大溪地）珍珠养殖笼具——片式笼

待贝苗被取出后，它们按照大小被分拣，之后进行穿孔以便可以固定在保护网中，悬挂到海区进行吊养（见图2-30）。几个月后就可进行珍珠贝的植核。

图2-30　珠母贝养殖

法属波利尼西亚（大溪地）珍珠养殖过程中插核（见图2-31）与国内珍珠养殖过程中的插核技术相同，一般一只贝只插一个核。法属波利尼西亚（大溪地）目前插核工人多来自广东，珍珠核多来自日本的生物处理后的珍珠核，便于迅速形成珍珠层，珍珠小片处理液也均从日本购得。珍珠贝植核后，经过14个月，珍珠就可以开采了。如果珠母贝的颜色和体质都很好，珠母贝将被植入一颗新的珠核，以期待几个月后可以有第二颗珍珠产生，这一过程称为二次植珠。一般一个健康的母贝生存6～8年后其所产珍珠的颜色会变淡，这样的珠母贝将不会再被植珠。

图2-31　法属波利尼西亚（大溪地）珍珠插核

2. 珍珠产量

根据联合国粮食及农业组织（Food and Agriculture Organization of the United Nations，FAO）数据显示，1993—2017年，法属波利尼西亚（大溪地）海水珍珠贝产量总体呈现增长趋势（见图2-32），表现出"两峰一谷"特征，一峰出现在2005年，法属波利尼西亚（大溪地）海水珍珠贝产量达到2886.83吨，另一峰出现在2011年，法属波利尼西亚（大溪地）海水珍珠贝产量达到2857.72吨，但在两峰之间出现了一个低谷期，即2009年，法属波利尼西亚（大溪地）海水珍珠贝产量为1866.36吨。

图2-32　1993—2017年法属波利尼西亚（大溪地）海水珍珠贝产量变化

法属波利尼西亚（大溪地）的海水珍珠主要来自珍珠养殖。根据联合国粮食及农业组织
（Food and Agriculture Organization of the United Nations，FAO）数据显示，法属波利尼西亚
（大溪地）的珍珠不仅仅来自珠母贝（见图2-33），还有一部分来自其他珍珠贝的养殖（见
图2-34）。其中珠母贝占有重要比例，约为其他珍珠贝产量的100多倍。

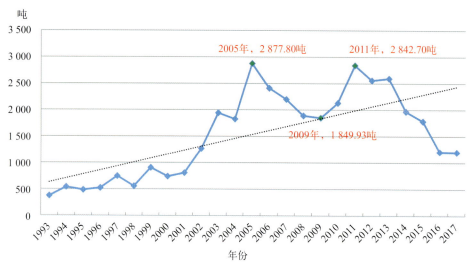

图2-33　1993—2017年法属波利尼西亚（大溪地）珠母贝产量变化

从变化趋势上看，珠母贝产量与法属波利尼西亚（大溪地）海水珍珠贝产量的变化趋势
相吻合，说明法属波利尼西亚（大溪地）珍珠贝主要受珠母贝产量的影响。

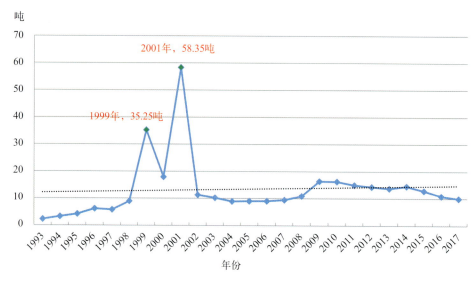

图2-34　1993—2017年法属波利尼西亚（大溪地）其他珍珠贝产量变化

3. 珍珠农场分布

法属波利尼西亚（大溪地）的珍珠养殖场主要分布在甘比尔群岛、土阿莫土群岛、社会群岛、马克萨斯群岛和南方群岛（见图2-35），其中甘比尔群岛有90多个珍珠养殖农场。

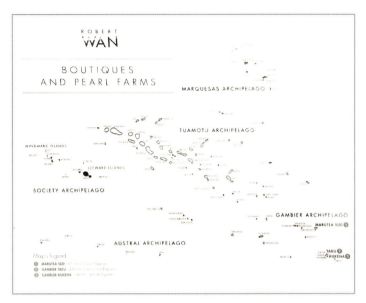

图2—35 法属波利尼西亚（大溪地）珍珠养殖农场分布
（http://www.sohu.com/a/239702147_162203）

（三）珍珠加工业

近年来，贝壳加工在甘比尔群岛持续发展，当地珠农开始明白，珍珠贝壳以及一些并不完美的珍珠也可以带来经济效益。在Rikitea建立的CED教育中心30多年来不断提供加工贝壳的各类培训，用以制作装饰品、首饰和吊坠（见图2-36）。

图2-36 法属波利尼西亚（大溪地）珍珠贝壳加工

（四）珍珠贸易业

在法属波利尼西亚（大溪地）每年有四次大型的珍珠拍卖会，买家大多是国外的批发商。珠农们的所有珍珠被放在一起进行分类（见图2-37），称重，通过X光扫描来测量珍珠的厚度（要求必须大于0.8毫米）。

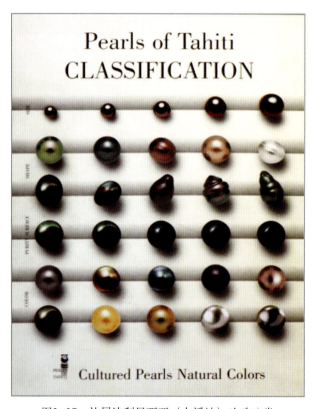

图2-37　法属波利尼西亚（大溪地）珍珠分类

根据联合国贸易（UN Comtrade）数据，法属波利尼西亚（大溪地）的珍珠主要以出口为主，主要出口国及地区为日本、中国、美国、法国和新苏格兰等。根据2012—2018年统计数据显示，法属波利尼西亚（大溪地）2012年、2014年和2015年珍珠进口量分别为25千克、11千克和42千克，出口量分别为14 366千克、14 577千克和12 887千克，法属波利尼西亚（大溪地）2012—2015年珍珠进口产值呈现增长趋势，出口珍珠价值则出现了下降。但总体来看，珍珠出口价值要远远大于进口，法属波利尼西亚（大溪地）的珍珠贸易以出口为主（见图2-38）。

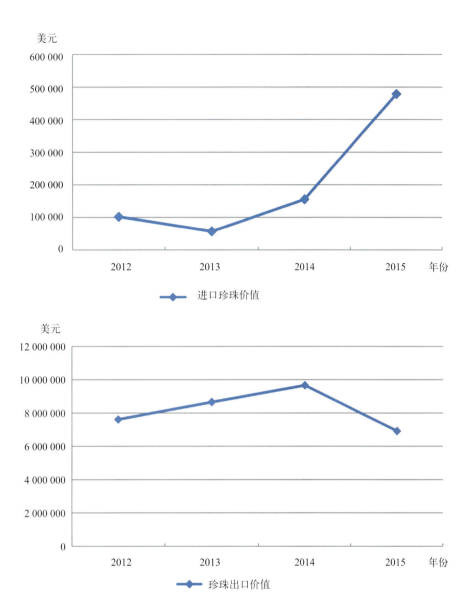

图2-38　法属波利尼西亚（大溪地）珍珠进出口贸易价值变化趋势图

（五）珍珠文旅业

　　法属波利尼西亚（大溪地）一个重要的珍珠品牌由Robert Wan创立，Robert Wan被称为"珍珠之王"，他一手创建了大溪地珍珠博物馆（见图2-39）。ROBERT WAN拥有自己的珍珠养殖场，所以从插核到采珠，质量全程可控。ROBERT WAN有自己的加工厂，所以从定级到打孔，工艺无可挑剔。ROBERT WAN在世界各地有多家分公司，所以从保养到维修，服务完善可靠。1976年，在ROBERT WAN的不懈努力下，大溪地珍珠获得美国宝石学会GIA的认可，成为与钻石并驾齐驱的名贵宝石。如今，ROBERT WAN不仅是全球著名的大溪地珍珠生产商和出口商，而且在迪拜、上海、大溪地等拥有十几家珠宝品牌店，成为大溪地珍珠品牌国际化的先驱和榜样。

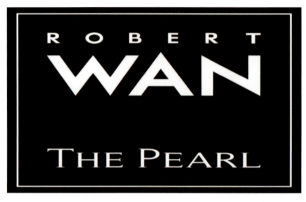

图2-39　法属波利尼西亚（大溪地）黑珍珠博物馆

法属波利尼西亚（大溪地）非常注重珍珠推广，在飞往法属波利尼西亚的大溪地航空公司的飞机上，随处可见关于黑珍珠的宣传（宣传杂志封底见图2-40），尤其是关于大溪地的介绍中有很大的版面是属于黑珍珠的，在大溪地人们心里，黑珍珠是大溪地的宝藏，是大自然赠予的财富。

图2-40　法属波利尼西亚（大溪地）旅行杂志封底

三、澳大利亚、印度尼西亚、菲律宾等国家珍珠产业

澳大利亚、印度尼西亚、菲律宾等国家所产珍珠统称为"南洋珍珠"（见图2-41）。南洋珍珠主要产于澳洲北部、菲律宾及印度尼西亚。它体积独特，直径一般为10～20毫米，属重量级珍珠，极其珍贵，价值不菲。南洋珍珠分有南洋白珠和南洋金珠，南洋白珠多为银白色，而南洋金珠多为金黄色和杏色。南洋珍珠养育出来无需经过任何加工，浑然天成，硕大圆润，具有品质稳定的特性，这正是魅力之所在，南洋珍珠无论从珍贵度还是价格上都堪称珍珠之后，是广大女性梦寐以求的珍品。

图2-41 南洋珠

（一）澳大利亚珍珠产业

澳大利亚的珍珠产业经历了从捕捞到养殖的一个过程。珍珠养殖业始于1956年，在金伯利海岸的卡里湾建立了第一个珍珠养殖场，到1963年，这个养殖场生产全世界60%的白色南洋珠。据资料记载[①]，高品质的珍珠产自澳大利亚西部地区（布鲁姆为中心），而白色珍珠则主要来自Coburg半岛周围、达尔文港和Bynoe海港。

澳大利亚是现在世界上主要的南洋珠生产国，有着得天独厚的自然条件。为了实现养殖环境的优化管理和资源的可持续利用，澳大利亚对珍珠养殖行业实行了严格的规范管理。想从事珍珠养殖的企业或者个人只能从拥有政府生产许可证的公司购买许可证或者参股，且这些公司每年用于生产珍珠的野生珍珠贝和人工孵化的珍珠贝数量受到严格限制。对于天然资源实行严格保护，轻则高额罚款，重则吊销牌照；澳大利亚对于海区环境和养殖容量采取配额制，采取招标或者拍卖方式对养殖总量进行控制，对海区进行有效管理；设立珍珠产业部，实行一系列控制措施。

1. 珍珠贝产量变化态势

根据联合国粮食及农业组织（Food and Agriculture Organization of the United Nations，FAO）数据显示（见图2-42），澳大利亚的珍珠贝产量主要分为两个阶段，第一阶段为1950—1965年，澳大利亚的珍珠贝产量出现了一个大幅度波动，在1958年达到1800吨的最高

---

① 张莉. 中国南海海水珍珠产业研究[M]. 广东经济出版社. 2007.

产量，之后开始下降，到1965年，产量仅为300吨；第二个阶段为1966—2017年，澳大利亚的珍珠贝产量出现了一个平稳的较低水平，可能与政府的政策控制有关。

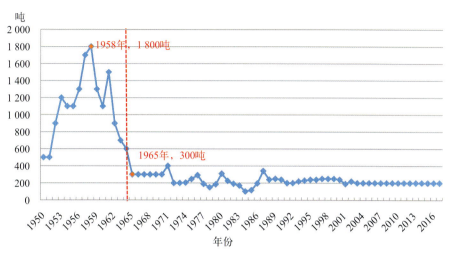

图2-42　1950—2017年澳大利亚珍珠贝的产量变化

2. 珍珠加工与贸易

澳大利亚的珍珠养殖业充分利用产珠蚌，减少产珠蚌的浪费。一旦认为产珠蚌不能再生产圆形珍珠就会被用来生产半珍珠，如果不再产珠则将珍珠壳经过加工后出售，或将贝肉组织风干后以比较高的售价在东南亚和中国作为烹饪材料进行销售。澳大利亚珍珠的养殖和贸易均由政府设立的珍珠产业部负责管理，珍珠贸易商同样要接受培训并"持卡"。政府规定珍珠的珠层不能低于0.8毫米，所有出口珍珠一律要经珍珠产业部检测，发放质量保证书及等级证书，凡不合格产品扣留予以销毁，不允许劣珠流入市场。

根据联合国贸易（UN Comtrade）数据，澳大利亚珍珠贸易主要以出口为主，出口国及地区主要为中国、日本、美国、泰国等地。2012—2018年澳大利亚出口中国香港特别行政区的产值近3亿美元，出口日本的近1.5亿美元。2012—2018年澳大利亚珍珠出口量出现了一个高峰，2015年出口量达到了23.484吨。其珍珠进口量较少，进口国及地区主要为印度尼西亚、日本、中国、法属波利尼西亚（大溪地）。总体来看，澳大利亚珍珠无论从进口和出口的量以及进口和出口的价值上来看，均呈现下降的趋势（见图2-43），这可能与国际珍珠贸易市场的大背景密不可分，一方面是珍珠的品质和人们的喜好，另外一方面关税也是影响珍珠产业的一个重要因素。

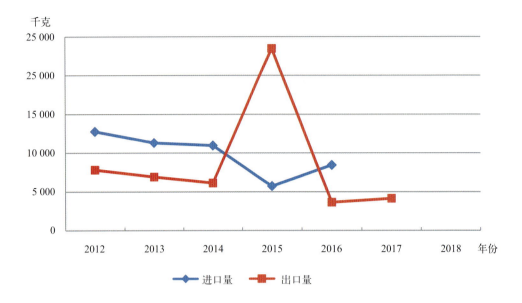

图2-43　2012—2018年澳大利亚珍珠进出口贸易变化趋势图

3. 珍珠品牌

澳大利亚珍珠主要有两大品牌。

PASPALEY（见图2-44），作为珍珠业先驱与精美南洋珍珠的标志性品牌，投身珍珠行业已逾75载，期间苦心孤诣，创新不止。PASPALEY珍珠最令人着迷的是其别具深度、优质和丰富的珍珠质所散发出来的瑰丽光华，它的南洋珍珠也被公认为全球最高品质和最具价值的珍珠。目前，PASPALEY在供应着世界上最美丽的珍珠的同时，依然矢志不渝地追求卓越品质，坚持环境管理承诺毫不动摇。在20世纪50年代及60年代，PASPALEY珍珠的产量极为有限，每年的珍珠产量不足20罐，这些珍珠仅够供应五至六家公司。随着珍珠生产技术的提高，产量不断增加，每年在中国香港特别行政区以及日本的珍珠拍卖会上，公司会邀请约100家批发商来选购。在2004年9月中国香港特别行政区珠宝展上，公司销售珍珠158 475颗，销售总额为1 210万美元。

AUTORE，是澳洲的另一珍珠首饰品牌，坐拥全球最优质的海水珍珠养殖基地。自20世纪成立以来，不计其数的珍珠臻品被海内外知名人士佩戴收藏，其设计也深受好莱坞女星欢迎，当中包括安吉丽娜·朱莉、哈里·贝瑞及章子怡等。

图2-44　PASPALEY品牌

（二）印度尼西亚珍珠产业

印度尼西亚是世界重要的海水珍珠生产国。印度尼西亚养殖的珍珠贝种类为大珠母贝，不但能够生产银珠，而且能够生产金珠。目前，印度尼西亚珍珠有27种颜色，其中，青铜色、墨绿色、银色和绿金色珍珠是印度尼西亚的特产。养殖大珠母贝的海域主要有巴厘岛附近海域、努沙登加拉群岛（龙目岛和松巴哇）、苏拉威西岛（西里伯斯岛）、马鲁古（摩鹿加）群岛以及巴布亚省[①]。

---

① 黄琨, 王全永, 罗超雁, 等. 中国与印度尼西亚海水珍珠质量评价标准比对研究[J]. 标准科学, 2019.

印度尼西亚南洋珠的养殖也需要经过人工育苗、幼贝养殖、插核和珍珠采收环节，其插核方式也是采用多次插核，从而获得个大圆润的珍珠。

1. 珍珠贝产量变化态势

根据联合国粮食及农业组织（Food and Agriculture Organization of the United Nations，FAO）数据显示（图2-45），1999—2007年印度尼西亚的珍珠贝产量总体呈现波动增长的趋势，其中，2006年出现了第一个增长高峰，产量达到932吨，2007年却突然下滑，达到205吨。之后出现了第二个增长阶段，到2010年达到史上最高水平，年产量达到1 455吨，然后随着国际贸易市场的变化以及养殖环境的变化，印度尼西亚珍珠贝的产量逐渐下滑。

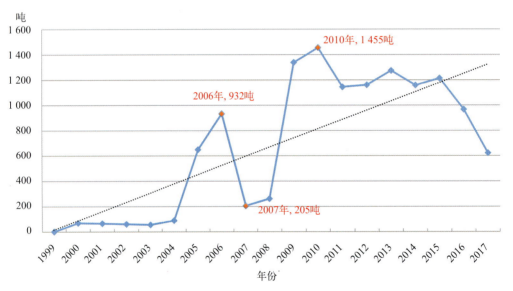

图2-45　1999—2017年印度尼西亚珍珠贝的产量变化

为保证珍珠的海外销售及质量，印度尼西亚渔业产品技术委员会在SNI 01-4989-1999《珍珠》标准的基础上，修订了SNI 4989：2011《南洋珠》的标准，并在2010年7月通过技术会议，2011年发布实施。2015 年，非食品类渔业产品技术委员会对SNI 4989：2011《南洋珠》进行了修订，增加了质量等级和质量参数部分，发布实施了SNI 4989：2016《南洋珠》，旨在保护消费者利益和保持印度尼西亚南洋珠的质量形象。

2. 珍珠贸易

根据联合国贸易（UN Comtrade）数据（见图2-46），印度尼西亚珍珠的主要进口国及地区为中国、卡塔尔、澳大利亚、德国和英国等，出口国及地区主要为中国、日本、澳大利亚和泰国等。目前，印度尼西亚珍珠贸易主要以出口为主。2018年，印度尼西亚出口珍珠产值达472.69万美元。2010—2018年，印度尼西亚珍珠的出口量远远高于进口量。其中，2016年出口珍珠达到最高水平，为148.12吨。出口珍珠的价值也远远大于进口珍珠的价值，且呈增长趋势。

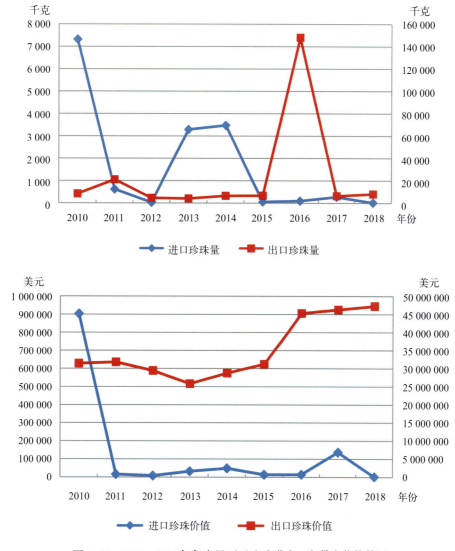

图2-46 2010—2018年印度尼西亚珍珠进出口贸易变化趋势图

由于印度尼西亚本国投资商较少，国内珍珠养殖业大部分被澳大利亚和日本等国家的境外投资商垄断，珍珠养成后大部分原珠被运走冠以别的品牌。所以，印度尼西亚在珍珠品牌建设方面较落后。

（三）东南亚其他国家珍珠产业

目前，东南亚国家珍珠产业比较引人注目的还有菲律宾、缅甸、越南等国家。

1. 菲律宾

菲律宾是亚洲重要的珍珠出产国，珍珠养殖区域主要位于帕拉湾，帕拉湾拥有1700个岛屿，面积达170万公顷，帕拉湾地区最偏远的一个岛屿是这片海域的珍珠养殖总部和实验室基地。菲律宾养殖珍珠贝为金嘴大珠母贝，获得一颗珍珠大约需要5年的时间（见图2-47）。

图2-47 菲律宾帕拉湾珍珠养殖

2. 缅甸 [1]

近些年，缅甸的珍珠产业取得了长足发展。直到2013年，珍珠贸易商还会在国际拍卖会上把缅甸珍珠与其他国家出产的珍珠混合起来，因为该国一直处于军事统治之下而受到了国

---

[1] https://www.rough-polished.com/zh/analytics/108000.html

际制裁。但随着制裁被撤销，再加上国外公司进行的知识转移，缅甸在产品质量上实现了巨大进步，也让缅甸珍珠得到了国际认可。

缅甸最高质量的珍珠已经连续五年在中国香港特别行政区南海珍珠国际拍卖会上（South Sea Pearl Auction）被展出。当珍珠被第一次运出海外时，所有新闻头条都提到了这件事，因为几位感兴趣的买家为一颗19毫米的特大珍珠支付了30 000美元——这比拍卖起价高了7倍之多。在2017年的拍卖会上，224组缅甸珍珠被拍出了660万美元的高价，平均为43美元/克。

缅甸的珍珠产业仍受到很大的监管。国有的缅甸珍珠公司（Myanmar Pearl Enterprise）负责行业监控，为投资者提供优惠。这家公司在缅甸1995年制定珍珠法之前一直具有垄断地位。各个公司可以通过与缅甸珍珠公司的产品分享协议为珍珠产业提供投资。根据2016年的数据，共有两家国外公司和三家当地公司加入了缅甸珍珠公司管理的三个农场。珍珠的养殖地点主要集中在缅甸东南部的丹老群岛——由800多个小岛组成。缅甸珍珠在国际拍卖会上很受欢迎，是日本、中国买家的优先选择。该国一方面每年举办珍珠拍卖会，吸引买家，开拓国际市场，同时也积极引导国内消费。

3. 越南

越南人工养殖珍珠开始于1996年，下龙湾是一个著名的天然珍珠场地，珍稀的美罗珍珠便产自越南南部海域。

越南珍珠产业的发展，主要得益于外商的投资。日本Ogawa公司的Fujiiani Iwaki 1991年3月开始在越南开办珍珠养殖场至今，很多技术人员得到了培训，并开办了自己的养殖场。为了保护发展越南的珍珠产业，越南政府颁布法律，规定外国人只有在向当地人传授知识的前提下才能经营珍珠业务，养殖场必须以合资的形式进行。由于良好的水质条件和更长的生长期，其珍珠层厚度比中国人工养殖的南珠和日本人工养殖的Akoya珍珠要好。所产的珍珠有黄色和金色。珍珠几乎没有污染，同时劳动力成本相对低廉。所以越南的珍珠产品以优质及低价的特性被普遍看好。

第三章

中国淡水珍珠产业

第一节　淡水珍珠产业发展沿革

中国是世界上发现和使用珍珠最早的国家。最早可追溯到有史记载的公元前2200年的《尚书·禹贡》，而世界公认的最早记录珍珠采集方法的是《书经》，书中记载了《天工开物》的采珠全图，距今约2500年。根据获得珍珠的方式，可将珍珠利用分为两大阶段：一是距今1万年至17～18世纪的以捕捞或采集天然珍珠为主的阶段；二是1888年至今以养殖珍珠为主的阶段。

中国是世界上现在可考证的最早人工养殖珍珠的国家。根据史料记载，中国珍珠养殖最早可追溯到宋代，宋代庞元英于1167年著《文昌杂录》中记载了珍珠最原始的养殖方法："择光莹圆润者，取稍大蚌蛤，以清水浸之，伺其开口，急以珠投之，濒换清水，夜置月中，蚌蛤采玩月华，此经两秋即成珠矣。"这一技术比西方国家早600～800年。但当时此养殖法未形成科学的理论基础，养殖技术并未得到重视与推广，对中国古代珍珠养殖发展的影响或辐射相对较小，珍珠获取仍以天然采捕为主。

中华人民共和国成立后，随着珍珠养殖技术的突破和推广应用，现代淡水珍珠养殖产业逐步形成，伴随着改革开放迅速发展，1984年以来中国淡水珍珠养殖产量一直位居世界第一，带动了中国珍珠加工与贸易的发展。现在，中国已成为最大的淡水珍珠产地，世界上96%以上的淡水珍珠都来自中国[①]。中国淡水珍珠产业发展历史悠久，淡水珍珠无核、有核等养殖技术的突破带动了珍珠养殖业的迅猛发展，不断满足日益增长的市场规模和多元化需

---

① 黄鉴. 淡水珍珠. 浙江科学技术出版社. 2008.

求。目前，中国淡水珍珠产业已经形成了以珍珠养殖为核心的集苗种繁育、加工、贸易与文旅为一体的现代产业体系，得到了持续健康发展。

本报告主要从中华人民共和国成立以来，结合当时的国家政策与现实发展情况，根据淡水珍珠产量指标，简要划分出中国淡水珍珠产业的发展历程。按照产业发展周期理论，将中国淡水珍珠产业划分为4个阶段，分别是萌发起步阶段、快速成长阶段、规模扩张阶段、衰退转型阶段。

一、萌芽起步阶段（1949—1978年）

此阶段以熊大仁的无核珍珠人工养殖技术的突破为主要标志。中华人民共和国成立初期，中国珍珠养殖业基本处于空白状态。为加快中国珍珠产业发展，国家主要领导人对推进珍珠养殖业发展给予了高度重视与厚望。1957年，周恩来总理指示："要把南珠生产搞上去，要把几千年落后的自然采珠改为人工养殖。"1958年，毛主席指示："旧社会劳动人民辛辛苦苦采珠进贡皇帝，现在我们养殖珍珠要为社会主义、为人民服务。"国家领导人对发展珍珠养殖业的指示，极大地鼓舞了科研工作者对珍珠养殖技术的研发与创新。

1962年，淡水无核珍珠成功培育是中国珍珠养殖发展历程上的重要里程碑，以熊大仁教授进行人工养殖河蚌获得无核珍珠为标志。他发表的首篇研究论文《河蚌无核珍珠形成的初步研究》与专著《珍珠的养殖》为中国珍珠人工养殖奠定了基础。1964年，上海水产学院成功培育出淡水有核珍珠和象形附壳珠[①]。淡水珍珠养殖技术的历史性突破直接推动了中国淡水珍珠人工养殖的发展。伴随着淡水无核养殖珍珠技术在全国的推广，江苏、浙江、湖南等采用新养殖技术开展珍珠养殖活动，并得到迅速发展，养殖规模也不断扩大，同时培育出了人工夜明珠等特色产品。熊大仁教授等专家完成的珍珠人工培育成果于1978年获得全国科学大会奖。

二、快速成长阶段（1979—1992年）

淡水珍珠养殖业快速发展的关键是人工养殖技术的创新以及国家政策的大力扶持。1978

---

① 李家乐, 等. 中国淡水珍珠养殖产业发展报告[J]. 中国水产, 2019(3):23-29.

年，党的十一届三中全会开启了中国改革开放历史新时期。国家在推进水产业发展方面出台了《关于放宽政策、加速发展水产业的指示》，转变以前"以捕为主"的方式，确定了"以养为主"的指导方针，肯定了水产养殖业的产业定位，为中国水产养殖业发展注入新的动力。淡水珍珠养殖是水产养殖的重要构成，其发展同时也符合国家相关政策与产业发展趋势。

在国家政策的支持下，从事珍珠养殖的科研人员开展了系列技术创新，主要体现在淡水珍珠蚌人工繁育技术，病虫害防治技术，小蚌、小片及小工具的"三小"技术，人工育珠技术等，解决了中国育珠蚌来源依靠天然捕捞、淡水有核珍珠留核率不高等问题，珍珠质量与产量不断提升与增加，促进了珍珠养殖业、珍珠加工业与贸易的迅猛发展。1984年，中国淡水珍珠产量突破100吨，首次超过当时产量最高的日本，自此中国淡水珍珠产量始终位居世界首位，占比不断提高。

淡水珍珠养殖业的扩张带动了珍珠贸易的发展。1985年，中国成立了"Sino Gem"（中国珠宝），何乃华任总经理。当时何乃华等向国务院申请并经批准将珍珠列为一类出口商品，从生产到销售均由"中国珠宝"独家经营。珍珠作为一类出口商品直接推动了中国珠宝行业的发展，中国珍珠贸易局面被打开。在外贸的拉动下，中国珍珠产量也不断提升，年产量超过200吨。此阶段中国珍珠企业主要从事初加工并出口销售，淡水珍珠成为中国早期出口创汇的重要农产品。浙江诸暨市成为全国最重要的珍珠加工产业集聚地。

图3-1　熊大仁、何乃华和谢绍河的工作照

　　1991年，谢绍河研发的大颗粒正圆淡水有核珍珠养殖技术取得了突破，中试加工了50多千克淡水有核珍珠。同年6月在第六届中国珠宝首饰交易会上，中国珠宝首饰进出口公司总经理何乃华向世界宣告：中国已首创生产出"淡水有核珍珠"，它的研创者为新溪珍珠养殖场的谢绍河。中国首创淡水有核珍珠于1992年被日本载入《真珠年鉴》中。随后在1991—2001年，以广东绍河珍珠有限公司建立的养殖基地为示范，淡水有核珍珠在福建、江西、安徽、浙江和江苏等地进行推广，推广面积达2000公顷，取得良好的经济效益和社会效益[1]。

图 3-2　中国首创淡水有核珍珠载入日本1992年《真珠年鉴》

三、规模扩张阶段（1993—2008年）

　　中国经济体制改革推动了淡水珍珠养殖规模的扩大，尤其是社会主义市场经济的建立。党的十四大正式宣布"中国经济体制改革的目标是建立社会主义市场经济体制""要使市场在社会主义国家宏观调控下对资源配置起基础性作用"，将中国经济体制推向市场化建设，为中国经济活力的增强注入新的动力，市场的开放极大地扩大了珍珠的消费需求，刺激淡水珍珠养殖企业的规模扩展，1993—1995年淡水珍珠养殖产量直线上升。1996—2002年，淡水

---

① 谢绍河. 淡水有核珍珠大面积养殖技术研究[J]. 广东海洋大学学报, 2010, 30(1):55-58.

珍珠养殖产量略微有所下降，主要由市场盲目性造成的，表现在受利益驱使的珍珠养殖企业的规模迅速扩大，导致养殖珍珠质量下降。同时由于不科学的管理和操作导致河蚌病害暴发频繁，从而影响了珍珠的产量。

2002年后，随着珍珠市场进一步规范，中国珍珠养殖业开始逐渐回暖，同时一批新的淡水珍珠养殖技术的问世，推动了淡水珍珠养殖业的不断恢复并实现了迅猛发展。新的淡水珍珠养殖技术主要体现在湖南文理学院等单位发明稀土育珠技术；江西抚州洪门水库1997年从日本引进了池蝶蚌，丰富了育珠蚌品种；上海海洋大学等单位开展淡水珍珠蚌优秀种质资源利用并通过杂交技术培育出首个淡水珍珠蚌新品种——康乐蚌；广东海洋大学等单位提高了育珠蚌休养期成活率和优质珠率，解决了养殖造型珍珠技术瓶颈。自1991年以来，大颗粒正圆淡水有核珍珠养殖技术取得突破，极大地推动中国淡水珍珠业的发展，产量不断提升。中国淡水珍珠养殖产量在2003年为3196吨左右，到2006年达到历史最高5265吨（见图3-3）。

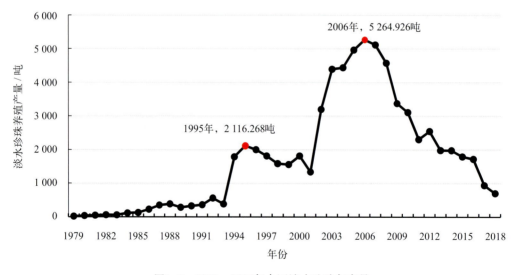

图3-3　1979—2017年中国淡水珍珠年产量

随着珍珠行业的不断成熟，行业内部具有比较优势或竞争力的珍珠企业开展向珍珠产业下游加工业拓展。浙江诸暨市集聚了部分这类企业，珍珠加工规模逐步扩大，同时也将诸暨市打造成了集珍珠养殖、加工、设计研发、销售与贸易为一体的产业集散地，构建起相对完善的珍珠产业体系。为此，浙江诸暨市于2008年被国务院发展研究中心授予"中国珍珠之都"的称号。

四、衰退转型阶段（2009年—至今）

2008年后，受世界金融危机和国际珍珠市场需求变化影响，中国淡水珍珠养殖规模和产量均有所下降，虽然新品种、新技术不断推广应用，优质珍珠有所增长，但仍无法扭转养殖产业规模下降的态势，总体上呈现出衰退的趋势。高密度、高强度的珍珠养殖行为，粗放落后的养殖方式与低生态环保意识导致大量淡水养殖水域环境质量下降，病虫害多发，不仅降低了淡水珍珠养殖的产量，还严重影响了其质量，关键是削弱了淡水养殖珍珠在国内甚至国际市场的竞争力，这让中国淡水珍珠养殖面临着重大挑战。

面对日益严峻的资源生态环境问题，党的十八大提出绿色发展的创新理念，使中国淡水珍珠养殖产业进入提质增效、减量增收、绿色发展、富裕渔民为目标的转型发展时期。2019年1月，经国务院批准，农业农村部等10部委联合印发了《关于加快推进水产养殖业绿色发展的若干意见》，必将进一步推动淡水珍珠养殖产业的转型升级。根据全国养殖水域滩涂发展规划要求，污染环境的落后养殖方式加快淘汰，天然水域淡水珍珠养殖逐步规范。这导致全国淡水珍珠养殖面积逐步压缩和产量呈现出总体下降趋势，但淡水珍珠质量进一步提升，科技在淡水珍珠养殖产业发展中将发挥更加重要的作用。

为了扭转中国珍珠市场萎缩的态势，加快建设"珍珠强国"，在优化与规范淡水珍珠养殖方式与行为的同时，部分珍珠企业开始将重点转向研发设计、品牌塑造和珍珠全品类供应链服务管理，满足多层次与多元化的珍珠消费需求，为行业发展提供了广阔的空间。深圳借助研发设计优势，成为全国珍珠首饰设计和生产的主要集散地，不同珍珠销售地区的设计产品大部分来自于深圳。在此阶段，部分企业顺应国家发展趋势，进一步推动珍珠产业向文化领域与休闲旅游方面拓展，珍珠博物馆、文化馆、体验园等文旅项目不断增加，推动了珍珠产业链的延伸与价值链的提升，为淡水珍珠产业增添了新活力与新动能。

第二节　淡水珍珠产业发展现状

一、总量表征：呈"钟型"

淡水珍珠主要来源于养殖，通过用1978年至今的淡水珍珠产量数据的描述（见图3-3），中国淡水珍珠产量规模基本呈现出"波动上升后持续下降"的"钟型"态势。2006年，中国淡水珍珠产量达到峰值，年产量为5 265吨，比1979年增长了259%，年均增长率为23%。2006年后，中国淡水珍珠产量持续下降，由2007年的5 114吨下降到2018年的703吨，年均下降率为17%。

从环比增长变化情况（见图3-4）分析，在1994年和2002年中国淡水珍珠环比增长率出现两次高峰值，增长率分别为363.91%、138.93%，其他年份呈现出高低起伏波动的状态。1994年前的环比增长率普遍高于2002年以后的增长率。

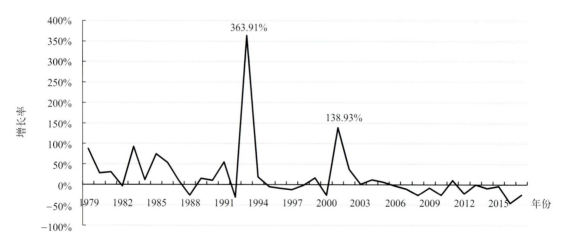

图3-4　1979—2018年中国淡水珍珠产量的环比增长变化趋势

为了更加清晰分析1979年以来中国淡水珍珠产业发展变化态势，将变动幅度较大的1994年和2002年去除，客观反映中国淡水珍珠产业的增长态势（见图3-5）。采用线性趋势分析，可以看出中国淡水珍珠产业从1979年到2018年总体呈现波动下降的态势，在2006年后（除2012年），中国淡水珍珠产量的环比增长率基本上均为负值，产量呈现逐年下降趋势，仅是下降幅度有所差异而已。这可能与市场环境变化、养殖空间缩小、养殖生境恶化、养殖行业比较效益下降和产品质量要求提升有较大关联。

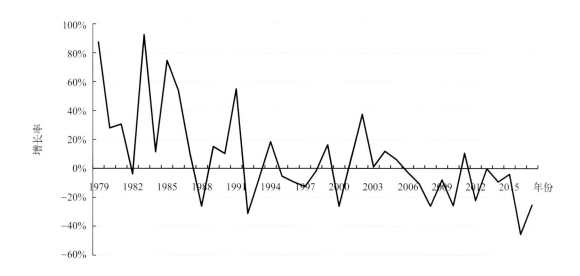

图3-5 1979—2018年中国淡水珍珠产量的环比增长变化趋势（除1994年与2002年）

二、区域布局：由分散走向集中

中国淡水珍珠养殖刚起步时，主产区只有江苏、浙江两省。随着淡水珍珠养殖技术的扩散，全国掀起了养殖珍珠的浪潮。根据《中国渔业统计年鉴》的相关统计数据可知，在前期，辽宁、吉林、黑龙江、河北、河南、上海、浙江、江苏、安徽、福建、江西、湖南、湖北、广东、四川等15个地区都有珍珠养殖，但主产区主要为长江沿线两岸省份。在1994年后，北方地区养殖淡水珍珠的东北三省、河北等地区逐渐退出淡水珍珠养殖市场，广东、广西、四川、贵州、海南、青海、重庆、云南、河南等地区存在零散的淡水珍珠养殖，但规模相对较小。上海、江苏、浙江、安徽、福建、江西、湖北、湖南等地区成为中国主要的淡水珍珠产地。

从总产量的峰值来看，1995年，中国淡水珍珠产量达到第一次峰值，江苏（59%）、浙江（18%）、安徽（10%）的贡献最大，三省珍珠产量占全国的比重达到87%。2006年，中国淡水珍珠产量达到最大峰值，浙江（37%）、湖南（20%）、江苏（15%）的贡献最大，三省珍珠产量占全国的比重达到72%。2010年后，中国淡水珍珠养殖主要集中在江西、安徽、江苏、湖南、湖北、福建、浙江等7个主要地区（见图3-6）。中国淡水珍珠经历了40年发展，产珠区由15个左右缩减到现在的7个，养殖布局由分散趋向集中。

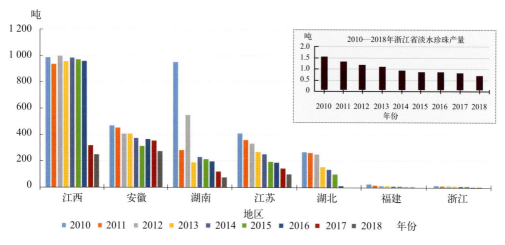

图3-6　2010—2018年7个地区淡水珍珠产量变化趋势

目前，江西、安徽、江苏、湖南是淡水珍珠的主产区。其中，江西主要在鄱阳湖周边的万年、都昌等地，安徽养殖区域主要集中在芜湖、安庆、池州、宣城、滁州，江苏集中在常州、泰州、镇江、淮安，湖南以常德、益阳为主。浙江诸暨、江苏渭塘、江西都昌和万年、湖南汉寿等地曾获"中国淡水珍珠之乡"称号，淡水珍珠产业亦是当地农业特色支柱产业（见图3-7）。

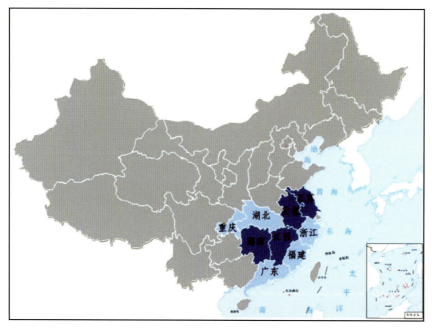

图3-7　中国淡水珍珠主要养殖区域分布图

（资料来源：李家乐等.中国淡水珍珠养殖产业发展报告）

三、产业体系：向全产业链融合方向发展

中国淡水珍珠产业历经中华人民共和国成立后的70年，尤其是近40年来的发展，淡水珍珠产业类别逐步丰富，产业门类不断齐全，形成了以珍珠养殖为主的集加工、贸易与文旅为一体的现代珍珠产业体系（见图3-8），实现了珍珠产业上中下游产业的融合发展，产业链逐步完善，产业价值链不断提升。目前，淡水珍珠产业体系主要产业包括珍珠贝苗种繁育、珍珠养殖、珍珠加工、珍珠贸易和珍珠文旅，淡水珍珠养殖在整个珍珠产业链中处于核心地位，珍珠的产量与质量直接关系到下游加工、销售、研发等产业的发展。

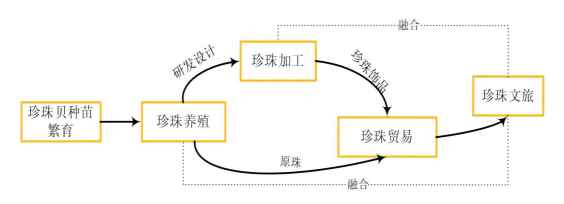

图3-8　中国淡水珍珠产业体系构成

四、淡水珍珠产业发展情况

（一）珍珠贝苗种繁育业：以三角帆蚌为主

中国淡水珍珠贝苗种培育始于20世纪70年代。1979年三角帆蚌人工繁育获得成功后，在江浙一带迅速开展养殖并扩展至全国。中国于1997年从日本引进池蝶蚌作为珍珠母贝，由于池蝶蚌育珠效果与中国培育的三角帆蚌的育珠效果相差不大，可培育大规格优质珍珠，在全国推广面积快速增加。根据国家公益性行业专项"珍珠养殖技术研究与示范"项目验收统计，池蝶蚌养殖面积已近全国淡水珍珠养殖面积的40%。

目前，珍珠蚌苗种繁育技术已较为成熟，主要集中在浙江武义，现有育苗场60多家，年育苗能力达5亿～6亿只，占全国珍珠蚌苗种产量2/3以上。此外，随着淡水珍珠蚌新品种不断更新，苗种质量也明显提高。育珠母贝的优良特性提高了其育珠率，增大了成珠颗粒。以良

种良法为核心的养殖技术创新成为淡水珍珠养殖产业转型升级的重要推动力。现今，在中国淡水育珠母蚌中，主要是三角帆蚌，其次是池蝶蚌。苗种繁育主要技术流程包括亲贝选择、人工授精、幼虫培养、贝苗采集和附着习性观察等。

（二）珍珠养殖业：由粗放到集约

1. 养殖规模：波动变化

目前，中国淡水珍珠养殖基地主要集中在江西、安徽、江苏、湖南等地区，成为带动中国淡水珍珠产业发展的重要区域。目前，江苏珍珠养殖发展高峰时面积40万亩，最高产量1 208吨；浙江高峰时面积60万亩，最高产量1 947吨；湖南高峰时面积50万亩，最高产量1 113吨；安徽和江西高峰时面积均达20万亩，最高产量530吨。

2017年，全国淡水珍珠养殖面积约50万亩、产量939吨，只有最高时150万亩、5114吨的约1/3和1/5；其中，安徽353吨、江西318吨、江苏145吨、湖南120吨，四省累计936万吨，占全国总产量的99.7%。

2. 养殖水域：以池塘为主

目前，中国淡水珍珠养殖水域主要集中在池塘、乡村小型河道与湖泊、水库等天然大水面等。其中池塘是中国淡水珍珠养殖的主要水域，乡村小型河道主要是基于生态环保理念推广起来的一种零投肥淡水珍珠蚌放养的区域。近年来，受环境约束的影响，传统天然大水面珍珠养殖已基本退出，生态绿色集约型养殖模式亟待转型发展。

养殖池塘主要分为封闭式湖滩、河滩池塘和低洼地，小型封闭式坑塘和精养池塘等三种。封闭式湖滩、河滩池塘和低洼地是淡水珍珠养殖水域的主要区域，约占70%～80%。江西、安徽、江苏、湖南等珍珠主产省份有大量封闭式湖滩、河滩池塘和低洼地，为珍珠养殖提供了水域空间。

小型封闭式坑塘是充分利用砖厂凹陷地或挖煤塌陷地而形成的养殖水域，这些地区一般远离村落与水源地，对当地村民的影响不大，此做法不仅实现资源的再利用，还通过珍珠养殖增加农民收入，实现"一水两用多利"的效果。因此，很受政府的欢迎与支持。安徽阜阳颍上县在采煤塌陷区域采用混养模式，大力发展淡水珍珠养殖。精养池塘是近年来在江苏、安徽等地成功实践并使用的养殖水域，主要采用套养模式，实现传统精养池塘和跑道式循环水精养池塘套养，逐步实现精养池塘淡水珍珠养殖的转型升级。

图3-9　江苏丹阳兆旗渔业养殖专业合作社的珍珠养殖池塘

淡水珍珠养殖水域可以选择在富营养化程度较高的乡村小型河道，不仅可以净化小型河道的水质，还通过珍珠养殖、河道租赁等方式实现增收。因此，在乡村小型河道上进行珍珠养殖，一般采用零投肥淡水珍珠蚌放养方式，防止因珍珠养殖带来的二次污染。江西万年部分河道通过零投肥淡水珍珠蚌放养后，水质状况明显改善，得到当地群众的欢迎和政府的肯定。安徽、江苏、湖南、浙江等省的一些传统淡水珍珠养殖区也在推广零投肥淡水珍珠蚌放养方式。

图3-10　江苏泗洪：废弃水道变身珍珠养殖基地

（图片来源：https://new.qq.com/omn/20180904/20180904A0AM8Y.html）

鄱阳湖、洞庭湖、太湖等周边的小型湖泊和水库曾是中国优质淡水珍珠的重要产区，这些水域面积适中、溶氧较高、理化指标较稳定，培育的淡水珍珠质量好。由于珍珠养殖行为不规范，大量向珍珠养殖水域投肥，加之养殖密度大，导致湖泊、水库等水质严重污染，影响了这些水域的生态系统。随着国家水污染防治行动计划和农业农村部养殖水域滩涂规划等生态治理措施的实施，除了零投肥淡水珍珠蚌放养方式外，目前传统天然大水面珍珠养殖已基本退出。各地区对珍珠养殖采取的禁、限养措施引发了人们对传统珍珠养殖模式的思考，开始探索生态养殖模式。多年前，谢绍河就牵头提出"河蚌养殖对水域环境的影响及养殖模式的优化"，认为采用适当的模式可以养殖育珠，同时还可以修复水域环境与改善水质状况[①]。随后，开始探索淡水珍珠养殖模式优化和生态养殖模式。

图3-11　有关在湖泊、水库等天然大水面禁养珍珠的报道

3. 珍珠养殖技术：从无核到有核

早期，中国传统淡水珍珠养殖多为培育无核珍珠（也叫常规珠），从外套膜切取小片，插入珍珠蚌外套膜中，一般每只蚌插核30颗左右，养殖周期3～5年。淡水有核珍珠具有质量高、养殖周期短的优势。自1964年淡水有核珍珠技术和1991年淡水有核圆珠技术成功后，中国淡水养殖技术日臻成熟。淡水有核珍珠养殖技术在全国推广开来，吸引了越来越多的养殖企业，养殖规模越来越大，浙江、江西等地一些企业到2018年实现了以养殖淡水有核珍珠为主的转型发展。淡水有核珍珠养殖技术的突破为丰富中国淡水珍珠品种、稳定珍珠产量提供

---

① 　资料来源：《中国宝玉石杂志》——何乃华：我的珠宝之途（之十）下——绍河珍珠。https://mp.weixin.qq.com/s/zpGyYkVwrh_Fefmvx1HKOQ

了强有力的支撑，是淡水珍珠业发展的重要转折点。

淡水珍珠养殖专业化分工更加明显，一些企业利用插片或插核技术优势和自然资源优势，直接从育苗场购买小蚌，进行插片或插核，育成珍珠幼年蚌出售；另一些企业则将这些珍珠蚌买回，养殖到商品珠规格。这种分段式养殖，鼓励各养殖企业发挥自己的专长，减少了从业者的操作周期，分散了从业者的生产风险，从而进一步推动了淡水珍珠养殖产业专业化的发展。

4. 养殖方式：由单养转向混养及生态化、工厂化养殖

中国淡水珍珠养殖方式处在不断优化的进程中。在生态环境压力与束缚下，淡水珍珠养殖方式由传统单一珍珠蚌养殖逐步向混养及生态化、工厂化养殖转移。在早期，中国传统淡水珍珠养殖以珍珠蚌单养为主，主要是选择一处适宜的水域，通过投肥养殖珍珠蚌，这种养殖方式比较简单，加之成本比较低，为大多数珍珠企业所青睐。按照此种养殖方式，珍珠贝的养殖密度一般为1 300～1 400只蚌/亩，有的甚至高达2000只蚌/亩[①]。传统的珍珠养殖方式未将生态环境考虑在内，导致水体严重富营养化，蓝藻频发、蚌病蔓延，同时还给周围村民的生活环境造成影响，例如腐烂的蓝藻和死蚌等散发异味，降低空气质量，而且养殖尾水处理不到位，直接排放还会影响周围水环境。为了在更大程度上降低珍珠养殖行为带来的负面效应，国务院于2015年发布了水污染防治十条，开始集中治理特定水域的污染问题，迫使淡水珍珠养殖企业转型发展，强调在水域环境承载力下的科学养殖。企业采取的主要措施有降低养殖密度，减少投肥量，增加尾水处理装备，转变养殖方式等。

转变珍珠养殖方式对于企业来说相对困难。目前，采用校企合作模式探索珍珠养殖的最佳方式比较普遍。在珍珠专家的科学论证与企业试验的基础上，探索出珍珠蚌与鱼混养的方式[②]，逐渐取代传统单一养殖珍珠蚌的方式。珍珠蚌鱼混养，即按照生态理念，通过淡水珍珠蚌和鱼类搭配混养，以鱼带蚌、以蚌净水，营养物质循环利用，可以实现少投肥或完全不投肥。在湖南益阳和常德、安徽安庆、江西万年和都昌、浙江诸暨等地都有珍珠蚌鱼混养成功案例。目前，这种方式已逐渐被珍珠蚌养殖企业所接受。

新时期，珍珠养殖涌现出了新方式、新技术，且应用效果比较显著。目前，这种新方式与

---

① 李家乐，等. 中国淡水珍珠养殖产业发展报告[J]. 中国水产，2019(3):23-29.
② 谢绍河，邱镇洪. 珠、鱼、禽立体养殖模式探讨[J]. 水产科技，2008(2):24-26.

新技术主要包括：一是在浙江、江苏、安徽等地示范成功的池塘跑道式循环水养殖系统套养珍珠蚌技术，是对珍珠蚌鱼混养技术的进一步创新；二是工厂化养殖（见图3-12）。在20世纪80年代，珍珠专家开始研究工厂化养殖的问题。浙江诸暨一家企业已率先建成全国第一个工厂化淡水珍珠养殖车间，开启了淡水珍珠工厂化养殖的探索。目前，工厂化养殖存在的主要难题是淡水珍珠蚌摄食食物粒径较小，制备配合饲料工艺难度大、成本高，活体浮游生物培养成本高等。

图3-12　淡水珍珠工厂化养殖模式

（三）珍珠加工业：工艺日渐完善，产品日渐丰富

淡水珍珠加工业，就是对生产出的珍珠原珠进行筛选、打磨、设计、研发等。在产业发展初期，中国淡水珍珠主要是粗加工，精细加工程度不高。目前，随着淡水珍珠加工技术的进步，中国淡水珍珠加工以提升产品附加值为核心，逐步转向精细加工。现在，中国已经形成了比较完整的珍珠加工程序（见图3-13）。

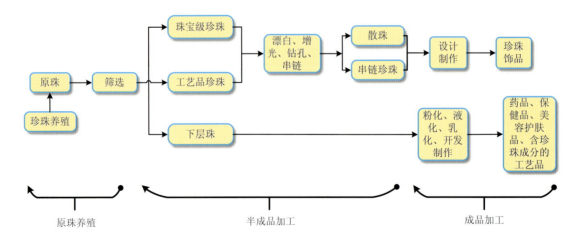

图3-13　珍珠产品分类及对应加工工艺

（资料来源：https://www.qianzhan.com/analyst/detail/220/190821-25f2ed72.html）

目前，中国珍珠加工已经形成系统化的工艺流程，不同成色的珍珠采用不同的加工方式（见图3-14）。通过筛选将珍珠分为珠宝级珍珠、工艺品珍珠与下层珠三个级别。前两个级别主要通过研发设计成为高档的珍珠饰品，通过融入人文艺术色彩，提升珍珠价值，多维度展现珍珠之美。下层珠则主要通过粉化、液化、乳化等工艺开发制作成药品、保健品、化妆品以及含珍珠成分的工艺品，例如珍珠面膜、珍珠滴眼液等。另外，部分企业开始关注珍珠贝的再利用，他们将珍珠贝研磨成粉用做建筑材料或者化学添加材料，也可以将珍珠贝光滑打磨制作艺术品。

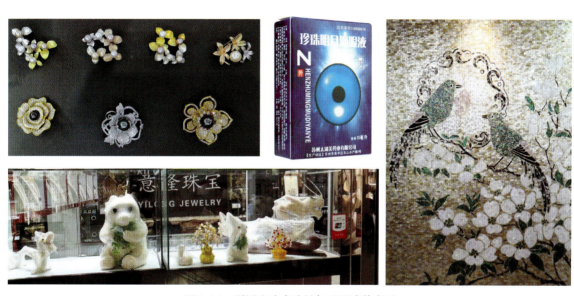

图3-14　利用珍珠或珠贝加工而成的产品

根据《中国渔业统计年鉴》，近五年来（2014—2018年），中国淡水珍珠加工年均产量在190吨左右，主要集中在湖南、江苏与安徽等三地，其中湖南的淡水珍珠年均加工量超过110吨，江苏的淡水珍珠年均加工量在30吨左右，安徽淡水珍珠年均加工量在20吨左右。浙江与江西也有珍珠加工，其中浙江产量在1.2吨左右，江西年均加工量不足0.2吨。湖北珍珠加工在2014年至2016年年均产量在5吨左右，但2017年与2018年数据显示为空白。

（四）珍珠贸易业：以交易市场为主，销售渠道多元化

目前，中国珍珠产业形成了几个规模较大的珍珠贸易市场，包括浙江诸暨市的华东国际珠宝城、江苏苏州市渭塘镇的中国珍珠（宝石）城、江西万年国际珍珠城等产地中心市场与北京红桥国际珍珠市场、上海虹桥国际珍珠城、深圳国际珍珠交易市场、广州珍珠集散批发市场等销地综合市场及中国香港特别行政区出口贸易中心。

1. 江苏苏州市渭塘镇的中国珍珠（宝石）城

中国珍珠（宝石）城位于苏州市渭塘镇，于2005年建成开业。苏州市渭塘镇早在20世纪70年代就开始从事珍珠生意，先后建立了渭塘何家湾珍珠贸易市场、中国珍珠城，曾先后获得"中国行业100强"和"中国最大淡水珍珠市场"等称号。1997年，亚洲金融危机爆发，国际珍珠行情不佳，"中国珍珠城"步入低谷。2001年，渭塘再次起步，开始推进珍珠产业的崛起；2004年，在中国珍珠城的基础上，组织筹建中国珍珠（宝石）城。

图3-15 坐落在苏州渭塘的中国珍珠（宝石）城

"世界珍珠荟萃渭塘，渭塘珍珠享誉世界"，中国珍珠（宝石）城交易大楼一楼为各类珍珠饰品、工艺品、化妆品、保健品等，现有经营户109家，其中精品屋43家，摊位66家；二楼为翡翠、白玉、奇石、水晶、黄金、白金等工艺饰品，现有经营户38家，在二楼还设有珍珠文化博览中心，以及黄金、珠宝检测中心。

在交易大楼的西边是苏州国际珍珠交易中心，内驻珍珠养殖、珍珠经营公司40多家，有香港丽雅珠宝有限公司、长青集团联合珍珠养殖公司、苏州市相城区渭塘景佳珠宝行等。在五楼有3000余平方米的苏州国际珍珠展览中心，还有亚洲珠宝联合会珍珠商会总部和江苏省珍珠协会的秘书处。在中国珍珠宝石城的周围有800余亩的珍珠养殖基地，还有旅游观光的采珠长廊、采珠船、育珠亭、垂钓区等。二期工程苏州国际珍珠珠宝首饰交易中心，投资2亿元人民币，占地60亩（1亩≈666.7平方米），建筑面积6 000平方米。

图3-16　中国珍珠（宝石）城的内部展示

2. 浙江诸暨市的华东国际珠宝城 [①]

浙江诸暨市被誉为世界珍珠之都，拥有世界最大的珍珠市场，是世界上最大的淡水珍珠原珠集散地，是中国淡水珍珠养殖产量最高的养殖地区，也是中国珍珠加工技术最先进的地区之一。市场辐射世界50多个国家和地区，远销美国、欧洲、日本、俄罗斯及东南亚各国，市场年成交珍珠650吨，年交易量占世界淡水珍珠总交易量的70%，全国总交易量的80%以上。

图3-17　浙江诸暨市的华东国际珠宝城

---

① 资料来源：https://baike.so.com/doc/6899404-7120065.html

华东国际珠宝城位于世界著名的"中国珍珠之都"——浙江诸暨山下湖，总面积达120万平方米，总投资超过30亿人民币，是世界性的珍珠珠宝生产与加工中心，集散与物流中心，品牌展示与贸易中心，资金流通与商情发布中心，珠宝文化交流与商贸旅游购物中心。

华东国际珠宝城整体分为五大区：珠宝原材料、成品及加工设备交易区，国际珠宝展示区，国际珠宝加工区，国际商务配套区及国际生活配套区。华东国际珠宝城市场辐射全球50多个国家和地区，现已获批为"国家4A级旅游景区"和浙江省"五星级文明规范市场"。2011年9月3日世界淡水珍珠销售首个价格指数发布，使诸暨珍珠产业发展赢得更多行业话语权。

图3-18　浙江诸暨市的华东国际珠宝城内部展示

3. 江西万年国际珍珠城

江西万年县境内均盛行珍珠养殖，以湖云珍珠为首，养殖历史悠久。万年珍珠粒大形圆、光泽照人，含氮量高于其他珍珠几倍，素以"淡雅似明月，瑰丽如云霞"而闻名于世，故万年县被称为"中国优质淡水珍珠之乡"。江西万年以加工首饰、工艺、化妆、药品、保健、食品等六大类产品为主，产品畅销海内外，1983年获国家外贸部优质产品称号[1]。国际珍珠城位于万年县城正大街与万泉东路交叉口处，占地面积46.6亩，建筑面积约60 000平方米，市场是以经营珍珠产品为龙头，金银、珠宝、钻石、饰品等为支撑，集加工、批发、零售、出口贸易于一体的交易市场，同时容纳600余户珍珠珠宝企业入驻经营，并配套建设珠

---

① 万年县人民政府网：http://www.zgwn.gov.cn/zjwn/dftc/15897.html

宝加工、办公、科研及珠宝展示区等现代化建筑，万年国际珍珠城为江西省最大的国际性珍珠珠宝交易市场。[1]

4. 北京红桥国际珍珠市场

北京红桥市场以经营珍珠享誉于世界。红桥市场于1995年1月正式开业，总投资2.4亿元，市场内最具特色的是水产品和珍珠饰品的交易。北京红桥市场三、四楼建成了北京红桥珍珠交易中心，是北京，亦是华北最大、最全的珍珠集散地。该市场内珍珠饰品营业面积达1 000平方米，现有300余家珍珠经营商。商户所经营的珠宝品种丰富、款式多样，包括海水珍珠、淡水珍珠、南洋珍珠、珊瑚、翡翠玉石、宝石及半宝石等。2005年9月，首届北京红桥国际珍珠文化节在此举办，中国宝玉石协会在开幕式上授予市场"京城珍珠第一家"称号的牌匾，这是中国宝玉石协会首次对珍珠经营企业举行官方"认证"。[2]

5. 上海虹桥国际珍珠城

2005年，上海虹桥国际珍珠城在上海虹桥地区建成，拥有6 000平方米的营业面积，弥补了上海在珍珠交易市场规模方面的不足。上海虹桥国际珍珠城由上海珍珠城与上海长宁区政府合办，是上海珍珠的龙头企业，从面积、客户规模和引进品种数量上，都是上海最大的国际珍珠交易中心，包括上海两个珍珠城和其他零售店。上海虹桥国际珍珠城以珍珠批发兼零售为主，立足华东，辐射全国，有"大溪""培培""芳华""玲玲"等品牌名店入驻。

6、深圳国际珍珠交易市场[3]

中国珠宝看深圳，深圳珠宝看水贝。2004年4月，深圳市水贝国际珠宝交易中心创建，这是一家特大型的国际珍珠交易中心，由雅诺信集团和安华公司合力打造。2007年1月，水贝国际珠宝交易中心金丽中心开业，同期举办第七届水贝国际珠宝采购大会，美国等境外珠宝商会组织参加。中心拥有近30 000平方米的交易面积，主要有珍珠、宝石、首饰器材等10多个经营区域，充分满足客户一站式采购需求，成为水贝片区珍珠等交易的巨无霸。目前，入驻金丽中心的商户有100多家，其中海外企业27家。入驻的有佳丽珍珠、千足珍珠和金大

---

[1] http://www.china-wannian.gov.cn/news/bumendongtai/2017-07-10/10843.html
[2][3] 陈蓝荪, 李家乐. 我国珍珠交易中心市场发展现状分析[J]. 水产科技情报, 2007(2):76-78

福珠宝等获得"中国名牌"称号的珠宝品牌，以及深圳、香港、北京、上海、诸暨、扬州、秦皇岛等全国各地的珠宝商，还有美、意、法、泰、印等十几个国家的珠宝品牌。

近年来，珍珠产业的发展也进入了一个特殊的转型时期[①]。在互联网技术迅速普及与电子商务快速发展的社会背景下，信息网络发展使得珍珠销售模式发生较大变化，珍珠电子商务平台应运而生，虚拟销售平台也成为珍珠销售的一大渠道，线上线下同时销售成为常态，尤其是近年来兴起的抖音、快手、微商、火山小视频等新的软件，拓展了珍珠销售线上渠道。

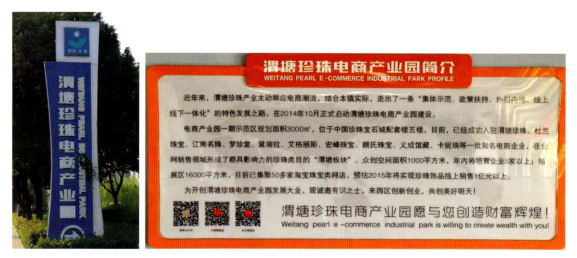

图3-19　江苏苏州市渭塘珍珠电商产业园

（五）珍珠文旅业：珍珠产业转型的新动能

珍珠文旅业，是近年来珍珠产业发展的新兴产业，是珍珠养殖加工、珍珠文化与旅游业融合而形成的新业态，有利于提升珍珠产业的附加值，成为加速珍珠产业转型升级的新动能。

中国是世界上利用淡水珍珠最早的国家，四千多年前《尚书·禹贡》中就有河蚌产珠记载，《诗经》《山海经》《尔雅》《周易》中也都有关于珍珠的记载，中国淡水珍珠养殖技术始于公元11世纪的宋代。珍珠在中国有着深厚的文化底蕴，具有较大的历史文化开发价值，这种优质的文化资源将为文旅项目的设计提供重要素材。淡水珍珠养殖拥有河蚌育珠的神秘感，珍珠女的高超技艺和碧波荡漾的养殖水体等特色，具有很强的观赏和体验价值，推动了珍珠文化旅游产业发展。

---

① 周鹏. 互联网思维下珍珠产业商业模式创新研究[D]. 广东海洋大学, 2017.

图3-20　浙江天使之泪珍珠文化体验园

目前，珍珠文旅项目主要表现形式体现在珍珠养殖休闲观光、育珠-采珠体验旅游、珍珠科普园、珍珠博物馆、文化馆等。例如浙江天使之泪珍珠文化体验园、苏和盛珍珠博物馆、诸暨市珍珠小镇等。江苏渭塘自2006年至今已举办"江南采珠游"特色旅游项目十余年，浙江天使之泪珍珠股份有限公司和欧诗漫集团也先后打造珍珠文化体验园、珍珠小镇等旅游项目，集珍珠养殖、文化体验、工业观光、美容养生、互动娱乐于一体，将珍珠之美淋漓尽致地展现在游客眼前。

第四章
中国海水珍珠
（南珠）产业

第一节　南珠产业发展沿革

一、南珠发展历史

南珠又称廉珠或白龙珠。明末清初的屈大均在《广东新语》一书中对南珠做了较为详尽的记述："合浦珠名曰南珠，其出西洋者曰西珠，出东洋者曰东珠。东珠豆青白色，其光润不如西珠，西珠又不如南珠"。清康熙十二年（1673年），张俊兴在廉州府任职，对合浦沿海采珠情况较为熟识，曾指出，合浦珠被称为南珠，以产自白龙地区的最佳，所以又称白龙珍珠。清朝李调元也曾断言南珠出自合浦白龙，即今铁山港区营盘镇白龙。这些材料均表明原属合浦，今为铁山港区海域自古盛产珍珠。南珠历史悠久，源远流长（见图4-1）。

新石器时代（7000年前）——赏珠伊始

据合浦清水江新石器时代遗址和牛屎环塘新石器时代的遗址发掘出土的石斧、石锛、砺石及珠贝制作的装饰物，可知远在7000年前合浦沿海先民便在海边采捕珠蚌，以蚌肉为食、以珠贝为饰。

周朝（公元前1046年至公元前256年）——上流饰品

帝后王公贵戚均以南海之珍为饰。

战国时期（公元前475年至公元前221年）——贵为贡品

战国时已经用淡水河蚌珠作为贡品。楚国大夫屈原在《离骚》中描述了楚国妇女早已用南海之珍珠作饰物。

秦朝（公元前221年至公元前206年）——皇家至宝

在秦朝，南珠为贡品，在秦始皇的墓中就以南珠为日月星辰，用以照明。

秦末汉初——官催珠贡

赵佗占据岭南三郡称王，号南越国，合浦地属南越国。赵佗定南珠为贡品，并在合浦设行馆每年派出官吏来廉催收贡珠。

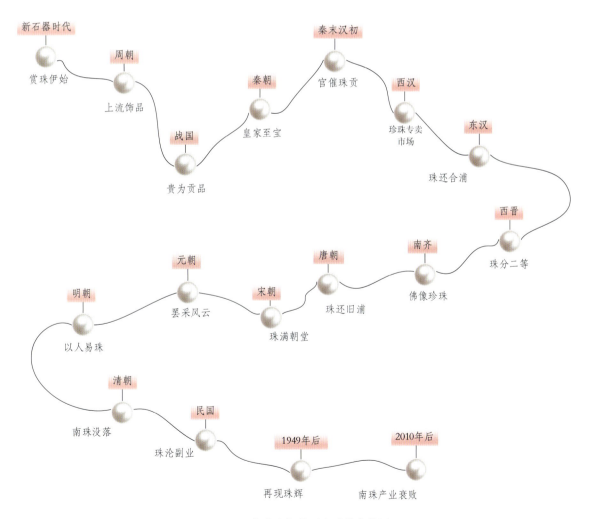

图4-1　南珠地位的历史迁移变化图

西汉（公元前140年至公元8年）——珍珠专卖市场

自汉合浦"海上丝绸之路"始发港（今廉州治西南二公里的曾屋湾港）开辟以后，合浦已成为与东南亚交通贸易的枢纽。外国商人远涉重洋到合浦登岸，以其本国特产碧琉璃、琥珀、玛瑙、香料等物，在合浦交换合浦南珠、丝织品、陶瓷、茶叶等物，那时合浦已有珍珠专卖市场。交易后，又将珍珠转手卖给外国人。

东汉（公元25年至220年）——珠还合浦

西汉时合浦珍珠已成为对外重要商品，外国商人纷至沓来"以物易珠"，加上贡珠，税珠任务繁重，造成频年滥采，致使合浦的珍珠自然资源遭受到严重的破坏。合浦沿海没有了珍珠，珍珠市场被关闭，商旅不通，市场萧条冷落。人物无资，贫者饿死于道的惨景出现。

东汉顺帝时，孟尝到合浦郡任太守，对合浦的官吏们的贪赃枉法早有所了解。故他到任后，立刻惩办了一些罪大恶极的官吏，减轻了珠税和徭役。鼓励百姓开垦荒地。同时抓住"珠还"一事不放，并且一抓到底，孟尝采取有效措施保护了珍珠的自然资源。一年时间，合浦的珍珠生产又得到了恢复。这就是"珠还合浦"典故和传说故事的原型。

西晋（公元265年至317年）——珠分二等

晋朝太康二年（公元281年），皇帝命令部队在合浦东南珠母池监管，禁止珠民采珠。但因当时合浦百姓以采珠为业，用以维持生计，禁止珠民采珠后，珠民赖以生存之道被阻断，于是将军陶璜上书朝廷，建议珠分二等，一等珠上贡三分之二，二等珠上贡三分之一，等外品免征。

南齐（公元479年至502年）——佛像珍珠

武帝永明七年（公元489年），越州献白珠。越州所在今广西浦北县（旧属合浦县）石桶乡坡子坪。故城遗址均在，故城距南流江约2千米，距海40多千米。越州所献白珠是中国最早的一颗插核珠（佛像珍珠），也是世界上最早的珍珠艺术品。

唐朝（公元618年至907年）——珠还旧浦

代宗广德二年（公元764年）二月，合浦珍珠繁殖迅速，出现珠还旧浦的奇迹。

宋朝（公元960年至1279年）——珠满朝堂

太祖建隆三年（公元962年），刘继兴在媚川都（今合浦）兵置八千，其中选二千会潜水者下海采珠。其余六千名士兵坚守珠池，强迫珠民下海采珠和收取珠税等事。刘以大石系珠民足、潜水采珠，溺死者和被鲨鱼吞噬者无算。珍珠充斥内库，宫殿梁栋饰以珍珠。

元朝（公元1271年至1368年）——罢采风云

泰定元年（公元1324年）七月，改广东雷廉蛋户为民，罢采珠。

明朝（公元1368年至1644年）——以人易珠

明朝是中国历朝采珠最残酷，获取珍珠最多的时代。

正德十年至世宗嘉靖五年（公元1526年），诏采珠。嘉靖五年采珠之役，死者万计，而得珠仅八十两，珠小而嫩，所得甚少。天下人谓以人易珠。冬十二月大雨雪，池水结冰，树木皆拆，民多冻死，是月采珠未停，海上螺筐夜放火光，人皆以为人灾物怪。嘉靖十年（公元1531年）从两广巡抚林富之请，诏革珠池内官（太监）八月诏来珠。因无所获而止。二十二年（公元1543年）、二十六年（公元1547年），三十六年（公元1557年），三十七年（公元1558年）和四十一年（公元1562年）春诏来珠，冬夏采珠。采珠诏令，濒年滥采，忽如星火，是为以人易珠。

清朝（公元1636年至1911年）——南珠没落

清初南中国的合浦地区，战乱濒盈，山寇、海盗猖獗，民无宁日。且清人（满族人）入关，定鼎燕京。注重东珠和北珠（淡水珠）。

康熙三十四年（公元1695年）九月，清朝第一次采珠，所得无多，次年罢采。清朝第二次采珠是在乾隆十七年（公元1752年）九月，以无所得而罢。

清朝末期，每当捕珠季节，合浦各珠池均有20多艘蛋家船，十多只竹筏在沿海捞取珠贝。每艘蛋家船每天至少采珠半斤至一斤珍珠。珠民所获珍珠颗粒大的售给廉州各珍珠商店，细小珍珠则售给中药店药用。

民国时期（公元1912年至1949年）——珠沦副业

民国时期合浦珍珠业一落千丈。1946年后，在采珠季节，合浦东南沿海每天有几艘珠船，十多只竹筏在捕捞珠贝，每艘珠船每天捕珠半斤左右，竹筏每天捕珠最多三至四两。珠民所得珍珠大都拿到廉州珍珠店出售，细碎珍珠拿到中药店出售。当时珠民平常时以捕鱼或耙螺为主业，采珠业成为副业。

中华人民共和国成立后（公元1949年至2000年）——再现珠辉

1954年之前，每到秋天采珠季节，合浦沿海珠池有几艘本地珠船和几艘海南临高船在捕捞珠贝剖珠。本地竹筏也有十几只捕捞珠贝。每日每艘船产珠约一斤左右，竹筏每天产珠三两至半斤左右。

1954年，周总理在一次会议上指示，"要养好珍珠，要把合浦的珍珠搞上去"。

1955年，中国科学院海洋生物研究室对合浦沿海珍珠进行了调查。

1958年3月26日，在广西合浦白龙附近的火禄村建立了中国第一家珍珠养殖场——"合浦专署水产局白龙珍珠养殖试验场"。

1958年11月，周总理批示合浦地委："要把几千年落后的捕珠改为人工养殖，一定要把南珠搞上去。"同年12月，熊大仁教授带领广东水产学校的学生前往北海海水养殖场（何秀英在此任技术员）进行试验，并成功培育出中国第一颗人工海水珍珠—"南珠"，宣告合浦珍珠事业的发展进入了一个崭新的时代。

1991年，北海市举办第一届珍珠节。

1992年，合浦举办第一届采珠节。时任国务院总理李鹏、中央书记处书记温家宝、国务院副总理邹家华，广西区党委书记赵富林均为合浦采珠节题词。

2010年后——南珠产业衰败

受城市建设和长期超负荷养殖影响，南珠养殖规模和产量急剧滑坡。2016年9月，在全球影响力最大的香港珠宝首饰展览会上，珍珠展品总成交额为3.85亿美元，南珠成交额竟然只有2万美元，中国著名的南珠之乡已经出现"珠乡无珠"的窘境。

二、南珠文化

所谓"东珠不如西珠，西珠不如南珠"是明代史学家屈大均在其著《广东新语》中对南珠品质的赞誉，南珠晶莹剔透，圆润光泽，是中国珍珠的典范，也是最能代表中国文化的珍珠，是历朝历代帝王皇家的贡品。

地处北部湾的北海市，是孕育南珠的家园，具有3000余年珍珠采集的历史，并且所产的南珠皆为上品，被誉为"南珠的故乡"，史上记载的杨梅、青婴、平江、断望、白沙、海猪沙和乌坭等七大古珠池均分布在合浦附近海域。

珠池为产珠母贝的场所。合浦珠池海域，东起山口镇英罗港（与广东省廉江县交界）而西止于竹林西村港。珠池名称及位置，历代史料所载均有异同。这是因为古人对珠池不能实地测量、考察，只凭经验及船行驶时间长短而大约确定各地相距里数所致。

各志书所载珠池数也各异。《合浦县志》（1994年）记载珠池有7所（见图4-2）："自东向西伸延：①乌坭池，在山口镇乌坭正南海域距永安池约4公里；②永安池，在山口镇永安村南面海域距平江池8公里；③平江池，在南康镇北暮与营盘川江南面海域距断望池约17公里；④断望池，在营盘乡婆围村南面海域，与乐民池相对，距白龙池13公里；⑤白龙池，在营盘乡白龙城南面海域距杨梅池约5公里；⑥杨梅池，在白龙池西面海域距青莺池10公里；⑦青莺池，在杨梅池西面与北海市龙潭海面交界。

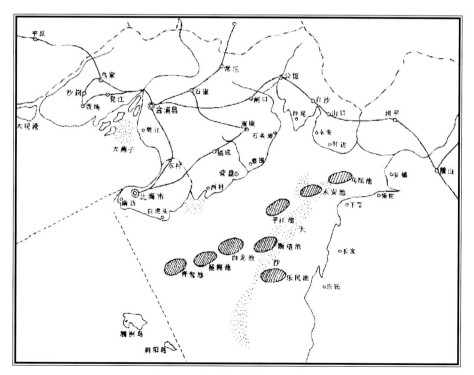

图4-2　合浦古珠池位置示意图

据此,合浦七大古珠池在铁山港区海域就有平江池、断望池、白龙池和杨梅池4处。其中以白龙池最为有名。因白龙池所产珍珠质最为上乘,为南珠之极品。到了明洪武年间,朱元璋派人在合浦兴建白龙珍珠城,并设专宫内监,驻水师镇守,监管采珠。白龙池在今白龙海面,其北面海岸现为北海市铁山港区营盘镇白龙社区居委会,存有白龙城遗址(见图4-3)。

图4-3　白龙珍珠城遗址

白龙城始建于明洪武初年(公元1368年),但在康熙初年的"迁界"浩劫中,被废弃,无人居住近30多年。沿海复界后,城内才有居民,直到民国初年,城墙仍旧完好,成为墟场。居民有300多人,其中约200人靠采珠为业,城为长方形,南北长320米,东西宽233米,面积约74 676平方米。城内外筑青砖,中间每隔10公分一层黄土,一层珠贝,层层夯实。城有东、南、西三门,城门有楼,可瞭望全城和海面。城内有采珠公馆、珠场巡检置及盐场大使衙门和宁海寺等建筑。街道纵横、错落有致。古时白龙城为钦州龙门港水路到雷州的必经之道,明代采珠官均驻扎于此。1943年,日本侵华,白龙城门大部分城墙及城门被毁,剩下的一道城墙和南门也毁于1958年。

现仅存旧城遗址,城内宁海寺也无存,只留下《宁海寺碑记》一方。城南30米处有两个太监坟,两方大石碑,一方是《李爷德政碑》,另一方是《黄公志思碑》,碑高1.8米,宽0.6米。据史料考证,两碑中的《李爷德政碑》为廉州府官李逊弹劾采珠太监的记功碑。珍珠城1962年被列为合浦县文物保护单位，1982年8月成为广西壮族自治区文物保护单位。

南珠千百年来源远流长的历史造就了其辉煌灿烂的南珠文化，留下了"珠还合浦"（见图4-4）、"割股藏珠""鱼公主滴泪成珠"等家喻户晓的传说故事。

图4-4　珠还合浦

今天，南珠文化作为中国珍珠文化的重要组成部分，仍在续写传奇，尽展"南珠之魂，誉满华夏"的美丽风采！

三、南珠产业技术沿革

（一）南珠养殖技术沿革

随着南珠产业的发展，南珠养殖技术由原来的自然采捕逐渐发展为现在的珠贝繁育技术、珍珠贝养成技术、插核技术和采珠技术。南珠养殖技术是对南珠产业各个环节的科学支撑，它是不断变化的，也是不断成熟的。

珍珠贝的人工育珠技术萌芽于宋代1167年，南北朝时期已经摸清蚌贝壳内的珍珠层是蚌贝分泌的珍珠质而形成的。所以，人们曾把锡片或者木块刻上记号置于珍珠蚌中使其按照人们的意图生长，而后来通过放置菩萨、寿星等佛像模子来进行人工培植"养殖珍珠"。通过对珍珠养殖技术的不断探索，人们慢慢意识到必须要有物质进入蚌贝体内才能生产珍珠，同时也意识到进入的物质是圆形才能生产圆形珍珠。清代刘献廷撰写的《广阳杂记》中说"金陵人林六，牛仲云侄婿，玉工也。其人多巧思，工琢玉。言制珠之法甚精，碾碎碌为珠形，置大蚌中养之池内，久则成珠。"

中华人民共和国成立以后，珍珠产业受到国家领导人的重视，中国的珍珠养殖技术迅猛发展。1958年，已故著名珍珠专家、熊大仁教授带领的珍珠研究小组在国内率先取得了马氏珠母贝人工育珠实验的成功。1958年3月，在广西合浦白龙附近的火禄村创建了中国第一个海水珍珠养殖场——合浦专署水产局白龙珍珠养殖试验场，有干部、工人11人。1958年12月，熊大仁教授带领广东水产学校的学生前往北海海水养殖场（何秀英在此任技术员）进行试验，并成功培育出中国第一颗人工海水珍珠。熊大仁教授是中国海水珍珠养殖的奠基人，其翻译、出版的《珍珠的研究》一书更是代代流传，指导了中国珍珠的研究和生产。在工厂化养殖技术上，20世纪80年代，海水珍珠专家开始探索海水珍珠工厂化养殖的问题，熊大仁教授提出"工厂化养殖海水珍珠"的试验项目。1987年，梁发竞和谢绍河发表了《工厂化培养海水珍珠初步试验总结》，肯定了马氏珠母贝在室内条件下以"池塘式"养殖方法完全可以培育出商品珍珠，指出净化水质是工厂化养殖海水珍珠的关键问题和海产单胞藻（扁藻、小球藻、硅藻、金藻等）都可作为马氏珠母贝的人工饵料[1]。工厂化养殖正成为一种新型的海水珍珠养殖模式，目前处在探索与试验的阶段。

（二）南珠加工技术沿革

1. 南珠分级

历史上，珍珠种类大约有八种：①贝附珠（半圆形）。②游离珠。③羽根珠，一般形状及颜色都好，属上等珠，也称袋珠。④耳珠，好珠多但颗粒小且不正形的也多。⑤复珠。⑥肉柱珠。⑦蝶贝珠。⑧鲍珠、淡水珠。

珍珠品次。古代白龙珍珠的品次，以珍珠的形状、大小、颜色及质量来区分。据《南越志》载："珠有九品，大五分以上至一寸，分为八品。有光彩，一边平似覆釜者名珰珠，珰珠之次为青珠、滑珠、螺河珠、官两珠、税珠、葱符珠、稗珠。"

白龙古代珠民有按重量分类的：八百颗珍珠重一两的，称"八百子"；一千颗珍珠正好一两

---

[1] 梁法竞,谢绍河. 工厂化培养海水珍珠初步试验总结[J]. 水产科技情报, 1987(1):8-11.

的，称"正千"；颗粒大的珍珠，一颗重七分的，称分"七珍"；一颗重八分的，称"八宝"。

亦有根据珍珠形状、质量、大小及光泽，分为四品：珍珠圆球形或半圆球形，直径在1厘米以上，表面为玉白色、全珠细腻光滑、闪烁珠光为一等品；珍珠呈圆球或半圆球、椭圆形，腰鼓形，其大小不分，色泽较次于一等，表面呈玉白色，浅粉红色、浅黄色，全珠细腻光滑、闪烁珠光，为二等品；珍珠形状为圆球形，近圆球形、长圆形、腰鼓形、扁块形、棒形等，表面是玉白色，浅粉红色、浅黄色，全珠光滑，有细皱纹和珠光为三等品；珍珠形状不规则，表面为玉白色、粉红色、浅黄色、浅橙色，有明显的皱纹或沟纹，全珠基本有珠光，但珠光面不小于全珠表面积的80%，为四等品。

生珠、污珠、附壳珠、僵珠和嫩珠，均属等外珍珠。

现代鉴别珍珠的级次，是以珍珠产在珠贝内的各个部位不同来区分。珍珠产在外套膜内的称为裹珠，形圆质高。产于前后耳状部的称耳珠。产于内脏部的多为小型的粟米珠，仅作药用。产于闭壳肌四周围的称为肌肉珠，品质最下。

鉴别珍珠的价值还有多种指标，对于人工养殖珍珠的鉴别，据有经验的珍珠商家说，珍珠价值的标准不外是："光、重、圆、大"四个字。光泽以精洁晶莹、银白烁眼，有半透明感为上，这是珍珠质层厚达500微米以上的缘故。色泽微黄如镀金但仍有光泽的为次。色泽豆青，但亦有光泽的又次。色泽枯黄，兼有杂疵的更次。黯淡无光，珍珠质层在300微米以下的为下。

珍珠以坚实凝重的为上，质松而轻的为次，中空易碎形似玻璃珠的为下。珠形完整匀称的为佳，半平半圆的为次，椭圆形的更次，形状不规则而有棱角的为下。珍珠愈大，其价值愈高。

珍珠价值随国际市场的变动而变动，一般情况下低级珠以每千克0.1万～0.2万美元；高级珠以克计，每克数十美元以上。珠径超过8毫米以上的珠称大珠以粒为计价单位，每粒价值上万美元。在国际市场上，一级珠每千克价值2万美元以上。

2. 南珠加工

中华人民共和国成立以前，利用白龙珍珠加工装饰品的人多为达官显贵、地主富商，中等家庭及贫苦人家是不敢问津的。过去用珍珠加工的装饰品，只有珍珠戒指、珍珠耳坠、珍珠镶嵌的簪器等，极少加工珍珠项链。当时盛产南珠的白龙、营盘均设有加工珍珠饰品的加工铺。

中华人民共和国成立以后，随着人们生活水平的提高，珍珠不再是为少数富有者拥有，而是进入寻常百姓家，直接美化人民群众的生活。珍珠作为饰品用途非常广泛，既可单独做成饰品，又可和各种金银宝石匹配，镶成各种各样名贵首饰，满足不同层次人们的需要。

随着人们需求的发展，珍珠加工业迎来新的发展机遇。特别是改革开放以来，人们对珍珠加工工艺进行了一系列的研究和改革，经过加工的珍珠饰品在色度、光泽和牢固度方面都有较大提高。铁山港区建区后，早年盛产白龙珍珠的铁山港区所辖营盘、南康、兴港三个镇都有多家珍珠饰品加工店。近年，珍珠饰品加工店多集中到北海市区或合浦县城，用珍珠加工成的首饰品种有珍珠项链、珍珠戒指、珍珠耳坠、珍珠胸花、珍珠别扣、珍珠挂坠、珍珠领带夹等。南珠饰品在国际国内市场上成为紧俏商品，畅销全国各地，远销东南亚、欧美各国。

四、南珠养殖业发展

（一）广西南珠养殖业发展

中华人民共和国成立前，南珠生产濒临绝境，驰誉中外的白龙南珠已名存实亡。中华人民共和国成立后，为了发展南珠养殖业，1956年10月，合浦药材公司向合浦专署水产局呈上《关于合浦珍珠生产的意见》的报告，提出恢复南珠生产。

1957年3月，合浦地委决定由农村部组织合浦珍珠调查组，对合浦珍珠进行一次全面调查研究。同年9月，合浦地委渔业部负责同志深入调查研究和开展珍珠试采工作。当时水产局养殖科仿造珠、螺网四张于白龙、杨梅池一带进行试采工作。在试采中共采到200多只珍珠贝，其中有珍珠的22只，获得大珍珠90余颗，其中一个珠贝竟有小珠百余颗。1958年3月26日，合浦地委在白龙附近的火禄村建立了"合浦专署水产局白龙珍珠养殖试验场"。为了攻破珍珠生产的难关，职工们跟风浪斗争，白天下海拖网捕捞珍珠贝苗，晚间退潮时提着灯在海滩上拾贝，有时还潜入10米深以下的海底石缝摸捞珠贝。采捕到珠贝后，经过工人的反复试验和辛勤护理，同年9月第一批人工养殖的马氏珠母贝（白龙珠贝）终于获得成功。1958年11月，建立了合浦婆围公社珍珠场，南康、营盘等公社的珍珠养殖场也相继建立。南康珠场共采珠贝苗30万只，营盘珠场共采珠贝苗400万只。同年，合浦白龙珍珠养殖试验场改称为"合浦专区白龙珍珠养殖场"。营盘公社先后共建立了大小珍珠场11个。同年底，珍珠人工插核技术获得成功。1959年2月7日，合浦专区白龙珍珠养殖场改称为"湛江地区珍珠养殖场"。

1962年2月4日，合浦县委决定在营盘玉塘建合浦珍珠场。1963年1月1日，合浦县委为了发展珍珠生产，合浦水产局接收营盘婆南珍珠场为县、社合办的珍珠场，名为"合浦县珍珠场"。1963年2月4日，合浦县委决定在营盘玉塘建合浦珍珠场。1966年8月至1976年期间，珍珠严重减产。营盘至白龙海域的十几个珍珠养殖场弃置停产，珍珠生产陷入停顿。

党的十一届三中全会后，珍珠生产走上了正轨。改革开放给养殖业注入了生机，珍珠生产得到了新的发展。据铁山港营盘镇彬塘村村民介绍，那时国营合浦珍珠场年产珍珠小于100斤，工人工资每月40～50元，但是营盘乡珍珠场每年产珍珠量大于100斤，工人工资每月为50～60元。

1984年以后，私人养珠场迅速发展，合浦民政局、自治区民政局共同出资50万～60万元扶持7～8家养殖户进行珍珠的养殖，主要通过购买珠核和发放补助的形式进行扶持。到了1985年和1986年，自治区民政局每年扶持资金100万～200万元用于珍珠的养殖，每年培训7～8个养殖和插核工人。1988年，广西壮族自治区商贸部门通过香港商人投标的方式售卖珍珠，价格达到3000多元/斤，1989年和1990年彬塘珍珠养殖场达到300多户，所以就出现了珍珠贝苗紧张的问题。后来在广东海洋大学刘志刚等科研人员的努力下，解决了当地珠母贝的人工育苗技术，1989年仅贝苗收入就达到100多万，那时贝苗180元/克，每克约3 000～4 000粒。到了1991年，珍珠贝养殖户达到480户，那时插1万只贝可得1.5千克珍珠[①]。

1992年，珍珠养殖场（户）发展到620个，养殖面积466公顷，产珍珠2 230千克；1993年养殖场（户）发展到780个，养殖面积830公顷，产珠5 067千克；1994年，养殖场（户）增加到890个，养殖面积达到2 327公顷，产珠增加到3 778千克。

铁山港区成立后，铁山港区珍珠有了更大的发展。1995年，养殖场（户）1 250个，养殖面积34 905亩，产珠达6 382千克。1996年以后，受国际市场的冲击，珍珠价格下跌，珍珠生产下滑。即使如此，至2000年，养殖场（户）仍有465个，养殖面积95公顷，产珠1 550千

---

① 资料来源：根据访谈内容整理获得。

克。2001年后，养殖面积增加，产量回升，到2003年铁山港区有养殖场（户）685个，养殖面积1 455公顷，产珠3 460千克，总产值达2 368万元。2006年，铁山港区养殖珍珠的面积达3 333.3公顷，年插贝8 000万只，珍珠年产量8 000千克，该地区形成了从珍珠贝育苗、养殖、加工到科研、产品开发的珍珠产业体系。

表4-1　1958—2006年珍珠养殖与产量统计表[1]

年份	养殖场（户）	养殖面积（亩）	珠（千克）	肉（吨）	产值（万元）	年份	养殖场（户）	养殖面积（亩）	珠（千克）	肉（吨）	产值（万元）
1958	1		0.02			1986	1	100	127.5		84.2
1959	1		0.55			1987	3	300	132.8		92
1960	1		1			1988	25	200	151.5		108
1961	1		0.9			1989	85	1 300	470		235
1962	无记录					1990	210	3 500	1 030		659.2
1970						1991	480	5 000	1 500		1 500
1971	1	18	1.2			1992	620	7 000	2 230		1 676
1972	1	18	1.5			1993	780	12 450	3 067		3 067
1973	1	18	0.6			1994	890	25 245	3 778		2 115
1974	1	18	1.6			1995	1250	34 905	6 382		3 701
1975	1	24	1.1		1.8433	1996	985	16 470	6 252		3 126
1976	1	24	1.1			1997	720	13 770	4 539		2 087
1977	1	24	1.8			1998	660	15 630	2 942		764
1978	1	34	7.5		5.9432	1999	578	14 653	1 277		383
1979	1	34	5.1			2000	465	14 276	1 550		558
1980	1	40	4.2		8.5843	2001	545	17 160	2 440		585
1981	1	45	6.5		12.325 1	2002	610	21 975	2 720		688
1982	1	45	6.25		13.517 9	2003	685	21 825	3 460		2 368
1983	1	60	5.6		6.876	2004	800	500 000	8 000	9 415	
1984	1	60	16.53		11.285	2005	820	500 000	8 000	9 617	
1985	1	60	21.1		16.878 8	2006	820	500 000	8 000	9 926	

[1]　由北海市秀派珠宝有限责任公司提供。

（二）广东南珠养殖业的发展

从20世纪50年代开始，在湛江的海康、徐闻、遂溪等地发展人工养殖珍珠。

熊大仁（1910—1981年）

贝类标本（广东海洋大学图书馆）

图4-5　珍珠养殖奠基人熊大仁和贝类标本（拍摄于广东海洋大学图书馆）

1964年，广东省先后建立了东山、澳头、惠东、徐闻、遂溪等国营珍珠场。

1989年以后，广东湛江几乎以年均1吨多的速度递增。1991年，广东省产珠6 170千克。当年有大小珍珠养殖场572个，养珠户1 292户，养殖珍珠贝2.8亿只，还有孵化育苗场23个。到1992年湛江市有25个乡镇，104个管区，6 675户从事养珠，珍珠养殖场有5 339个，养殖面积达4.33万亩，养殖珍珠贝46亿只，珍珠育苗场421个，育苗水体16.5万立方米。1999年，湛江市有4.5万人从事珍珠养殖，产量增加到11.3吨，占全国海水珍珠养殖总产量的2/3，成为全国最大的珍珠养殖基地。

2000年，湛江珍珠养殖面积5.25万亩，年产珍珠20吨左右。2006年，广东湛江珍珠养殖面积54 500亩，珍珠产量23.500吨，占全国海水珍珠的70%，产值1.705 0亿元。

表4-2　2001—2006年广东湛江珍珠产量统计表①

年份	养殖面积（亩）	养殖场（个）	珍珠产量（千克）	产值（万元）
2001	52 405	6 360	24 800	16 280
2002	53 505	6 216	24 500	15 890
2003	55 515	6 320	21 641	13 085
2004	52 145	6 300	20 825	15 210
2005	62 000	6 280	22 800	13 150
2006	54 500	6 360	23 500	17 050

（三）海南南珠养殖业发展

海南省开展海水珍珠养殖及养殖试验的有三亚、陵水、儋县三处，其中主要分布在陵水县的新村镇和黎安镇（见图4-6）。

海陵珍珠养殖场　　　　　　　　　　　　　珍珠售卖场

图4-6　海南海陵珍珠养殖场及售卖场

1962年，海陵珍珠养殖场成立于铁路港，为国有企业，1965年搬到陵水县新村港，与南湾猴岛隔水相望，占地面积30多亩。

80年代珍珠养殖场和科研单位合作曾培育得到的大珍珠直径为15.5毫米，珠层厚0.6毫米，端部还附有一粒小珠，这是中国最大的一粒人工养殖珍珠，被誉为"珍珠王"，被列为世界

① 数据来源：张莉，何春林. 中国南海海水珍珠产业研究. 广东省出版集团，广东经济出版社.

五大名珠之一。

1995年以后，国家开始实行社会主义市场经济，大批珍珠养殖场涌现，陵水县的新村镇和黎安镇的珍珠养殖场达到20多家，最高年产量达到5吨，大量出口到德国柏林等地，位于海南陵水新村港的南岛珍珠一天的营业额达到50万元，但由于珠农育珠时间的缩短，珠层厚度越来越小，曾经十几吨的珍珠被柏林珠宝商退回，珍珠的价格出现大幅度下跌，到2000年，海陵珍珠养殖场倒闭停产。后来随着城市规划，新村港口的建设导致大量珍珠贝死亡，珍珠贝的养殖海域逐渐缩小，到目前为止，海南已无珍珠养殖场养殖珍珠。

第二节　南珠产业发展现状

中国是世界上最早从事珍珠养殖的国家之一。在中国珍珠产量大幅度增长的同时，珍珠的质量却在逐年下降，珠层厚度减小，珍珠产值降低。曾经辉煌的南珠价格一度降到约2 000元人民币/千克。虽然北海市南珠在政府大力扶持下，近两年珍珠价格有所回升，但与法属波利尼西亚（大溪地）的黑珍珠以及印度尼西亚的白珠、菲律宾等国的金珠相比，每斤的价格甚至都不如其一颗珍珠的价格。可见，中国的海水珍珠是"高产低值"的产业，珍珠数量与产值不对等问题突出。

一、南珠产业分类及布局

南珠产业是指与南珠产品生产相关联的各种经济活动的集合。产业形态包括珍珠贝苗种繁育、珍珠养殖、珍珠加工、珍珠贸易及珍珠文旅等五个方面。

（一）南珠珍珠贝苗种繁育业

在中国南珠人工育苗获得成功之前，只能在天然海区投放采苗器进行采苗。1965年，中国成功解决了人工育苗的关键技术，南珠苗种繁育极大地促进了南珠的养殖。

南珠育苗设施主要包括供水系统、育苗池、饵料池，其中饵料培养是关键，目前南珠苗种繁育过程中培养的单细胞藻类主要包括金藻、扁藻和小球藻（见图4-7）。

图4-7 马氏珠母贝的苗种繁育

（二）南珠养殖业

南珠养殖主要是指人类通过采集或人工繁育母贝、育苗、养成、插核，最终产出具有商业价值的珍珠的过程。

1. 养殖区域

目前，北海市南珠养殖区主要分布在合浦县英罗港南面海域，以白龙村为中心，东至营盘、西至竹林一带南面铁山港区海域，冠头岭东至西村港海域，南沥一带海域，涠洲岛之南、斜阳岛以北海域（见图4-8）。

图4-8 北海市南珠养殖海域分布图

广东的珍珠养殖区主要分布在湛江的徐闻和雷州一带。

海南目前无大规模珍珠养殖。

2. 养殖企业

南珠企业是南珠产业发展的主要行为主体。南珠养殖业的发展依靠于养殖企业，养殖企业的整体发展态势影响南珠产业的发展，同时，南珠养殖产业的兴衰或波动也直接影响养殖企业的发展效率。纵观南珠发展史，南珠产业经历了由起步到兴盛到衰败再到振兴的过程，也客观反映了珍珠企业数量规模由扩大到缩小再到扩大的过程。

近年来，广西、广东等地方政府对南珠产业的再次重视，推动了一批从事南珠养殖的单位发展起来。目前，南珠养殖单位主要以企业为主，兼有少量的养殖合作社，养殖企业已成为南珠养殖的主要践行者。通过调查了解，目前，南珠养殖公司主要包括北海市旺海珠宝有限公司、北海市万山海投资有限公司、北海市北山珍珠养殖有限公司、北海铭美珍珠有限公司、北海远辉海洋科技有限公司、广西精工海洋科技有限公司等企业；养殖合作社主要有湛江徐闻西连镇大井村银辉珍珠养殖农民专业合作社、北海市铁山港区祥瑞珍珠养殖农民专业合作社、北海市铁山港区小宇宙海养养殖专业合作社等。

在政府的资金与政策支持下，南珠养殖规模逐步恢复，企业规模也在扩大，养殖企业也取得了良好的成果。例如，2018年北海市旺海珠宝有限公司等主要珍珠企业春、秋季共插核992.88万只贝，春季收珠564.32千克，产值约为960万元。

（三）南珠加工业

珍珠加工是指从原珠原料到制成首饰工艺品及制成中成药、保健品和美容化妆品的总过程。

1. 加工工序

珍珠加工工序主要分为三个阶段，即第一次加工（初加工）、第二次加工（再加工）和深加工。

（1）第一次加工（初加工）（见图4-9）

珍珠的第一次加工主要是将原珠通过化学和物理的方法使珍珠的形状更精美，色彩更绚丽，主要包括漂白、染色、去污等过程。

初加工前

初加工后

图4-9　加工前/后的珍珠

（2）第二次加工（再加工）

珍珠的第二次加工主要是将珍珠加工成饰品，包括款式设计、搭配成串或与贵金属镶嵌、产品成型等工序。

（3）深加工

珍珠的深加工是利用珍珠的药用、美容、保健功效，综合利用形状不规则、珠光不强、局部破损等外珠或珍珠母贝的珍珠层生产开发制成中成药、保健品和美容化妆品，包括使珍珠粉化、液化和乳化等技术。

2. 珍珠加工产品

（1）药用制品

南珠不仅是名贵、高雅的装饰品，而且是珍贵的药材。珍珠入药古已有之，中药处方用名常见的有"真珠""白龙珠"或"廉珠"等名，而"廉珠"之名较多见。"产于广东合浦都为正地道"，这是对南珠珠质药效的评价。明代李时珍著的《本草纲目》中称珍珠"归心、肝经、性甘、寒、咸、无毒"。其有安神润颜，点目去翳，塞耳去聋，催生死胎，去腐生肌……《中药大辞典》和《中华人民共和国药典》均谓珍珠具有"镇心安神、养阴熄风、清热去疾、去翳明目、解毒生肌"的功能，主要用于治疗"癫痫、惊风、失眠心悸和外治角膜云翳、咽喉口舌肿痛溃烂、溃疡不收口"等病症。

现代医学研究证实，珍珠的主要成分为碳酸钙，占93%。其次为角膜质蛋白，这种蛋白经水解后能生成人体所需的20多种氨基酸，还含有铁、锌、锰、钠、钛、锶、铝、钡、银、硒、锗等20多种微量元素。其中，硒、锗等元素是世界上公认的难得的防癌抗衰老的物质，对人体有很大益处，故珍珠是特别名贵的药材。

用珍珠配剂制成的中成药有10多种，其中六神丸、镇炫丸、珍珠散以及安宫牛黄丸等驰名中外。

现代医学研究还发现，珍珠成分有明显的杀菌作用，尤其是对金黄色葡萄球菌的杀菌效果最好。因此，外敷和内服，对治疗烧伤、烫伤有良好的疗效。以珍珠配剂制成的消朦眼膏一号、二号和消朦片对治疗角膜云翳、斑翳、白斑、砂眼等眼病有显著疗效。近年来，北海北生生物制药股份有限公司，用珍珠配剂制成的珍珠明目液眼药水，已热销中外市场。

此外，由于珍珠中含有多种人体不可缺少的氨基酸和微量元素，对人体具有保健和延缓衰老的作用，以珍珠为主要原料制成的保健品正日益为人们所喜爱。国内外利用珍珠、珍珠质或从珍珠质中提取的有效成分制成了多种药品，比较知名的产品有广西北海珍珠总公司的"海宝"系列药品——珍珠明目滴眼液、珍珠末、珍珠层粉、珍合灵片等。

（2）美容制品

珍珠护肤美容，在中国早有记载。李时珍在《本草纲目》中称：珍珠粉"涂面，令人润，令人润泽好颜色；涂于手足，云没有肤道胪，除面黑，止泄。"自古以来，珍珠就被视为美容奇珍。唐代人们在化妆时常用珍珠粉涂在面部，久而久之脸部便光彩照人，皮肤细腻白嫩。晚清时的慈禧太后，每隔10天按时服用一匙精选的上等珍珠粉，致使皮肤柔滑光润。珍珠含有多种人体不可缺少的氨基酸和多种微量元素，通过表面细胞吸收，可增强皮肤细胞活力，用现代技术把珍珠末与脂肪醇和香料配制成各种高级化妆品，如珍珠霜和珍珠膏系列，对皮肤有滋养除斑和抗衰老作用。

佩戴珍珠项链除有装饰作用外，还可治疗某些疾病。珍珠项链佩戴时，由于长期摩擦人体，珍珠中的有益微量元素自然被人体皮肤吸收，从而有防治甲亢、慢性咽炎功效，还能起到清神明目的作用，对安神定惊尤为显著。不少妇女在月经期、更年期烦躁易怒，戴上珍珠项链后可以起到较好的调节缓和作用。同时用珍珠项链每天早晚按摩面部皮肤，则具有护肤、美容、去斑消皱的作用。

近年来，日本等国家用珍珠配制成高级化妆品。中国以珍珠粉、珍珠水解液为原料，制成各种面霜、面膏、洗面液、沐浴液等，如广西北海珍珠总公司的"海宝"系列，北海其他公司的"名门闺秀"系列和黑珍珠系列化妆品。

珍珠在食品中的应用也逐渐增多，既可以在干制的食品中添加珍珠质粉，也可以利用珍珠的可溶性配制成各种饮料，对人体均能有营养保健作用。

珍珠贝肉深加工

珍珠粉

图4-10　珍珠加工后的产品（蛋白肽与珍珠粉）

3. 加工企业

北海市铁山港区建区前，珍珠主要以销售原珠为主，加工企业少，技术落后。铁山港区建区后，珍珠加工业引进日本先进设备及深加工技术，有了较大发展。1996年7月，中国最大的海水珍珠交易市场"中国南珠城"在北海落成开业，铁山港区珍珠加工企业大部分迁到了北海。

随着市场消费需求的升级和加工技术的创新，南珠加工迎来新的春天。许多从事南珠养殖的企业开始拓展产业链，通过自主研发或产学研融合，逐步将南珠养殖延伸到南珠加工环节，高端珍珠饰品、珍珠艺术品、珍珠医药品、珍珠美容制品以及珍珠保健品等一批新加工产品开始出现在市场中，提升了南珠产业价值链，带动了一批南珠加工企业的发展。目前，北海市主要的珍珠加工企业包括北海国发南珠宫珍珠首饰制造有限公司、北海黑珍珠化妆品有限责任公司、广西北海市源龙珍珠公司、北海东方创美生物工程有限责任公司、北海市黑白金珍珠有限公司、北海市正泰珍珠研究所、北海市铁山港区泰康珍珠制品厂、北海市珍宝珍珠科贸有限责任公司等。

（四）南珠贸易业

南珠贸易是指对南珠的流通过程进行规范约束与运营，通过市场的作用，实现珍珠的经济价值。目前，南珠产品销售主要集聚在生产地，在生产地形成了具有一定影响力的南珠珍珠市场。

1. 北海市南珠市场

2006年，铁山港区的珍珠及其制品的销售主要集中在北海，约220户，从业人员3 000多人，也有人把店开到了北京、上海等大城市，每年珍珠通过加工出口约1 000千克，产值1 000多万美元，主要销往美国、欧洲、东南亚各国等，产品深受国内外用户的欢迎。经营比较集中的有北海中国珍珠城（东盟旅游定点市场），比较典型的是南珠宫（原称为国发珍珠宫），还有分布在不同地区的珍珠（珠宝）店。

（1）中国南珠城

中国南珠城建成于20世纪90年代。该市场经营面积达7 500平方米，设有南珠文化展厅、原珠交易厅、珍珠产品销售厅和珍珠品质鉴定中心，吸引了大批养殖、加工和生产南珠系列产品的企业入住。随着北海旅游产业的发展，珍珠逐渐成为北海旅游购物行业的重大门类。目前，北海已发展成为全国海水珍珠及珍珠系列产品集散中心，每年有全国50%以上海水珍珠通过北海交易到全国各地，是名副其实的"珠城"。

（2）南珠宫

南珠宫坐落于北海市茶亭路，其前身为北海市珍珠总公司，始创于1958年，是展示南珠文化的一个窗口，是集海水珍珠养殖、原珠供应、加工、销售于一体的产业化龙头企业。南珠宫的珍珠及饰品以品质优异、款式独具特色而行销全国，并远销欧美、东南亚等国家以及中国港澳台地区。2004年顺利通过ISO9001国际质量认证，2005年，"南珠宫"牌珍珠首饰被评为"2005年度广西名牌产品"。2006年销售总产值1 350万元（其中出口420万元）。胡锦涛、杨尚昆、吴邦国、吴仪等党和国家领导人以及新加坡资政李光耀等国外领导人、国际友人都曾到南珠宫视察参观，并给予支持和肯定。

（3）珍珠（珠宝）店

目前，北海市内分布多家珠宝店，以零售为主，年销售产值约5 000万元。在旅游景点如银滩等随处可见小商贩手提珍珠，见外地游客蜂拥而上兜售，销售的珍珠一般质量较差，价格低，十元到几十元不等。

（4）国家珍珠及珍珠制品质量监督检验中心

国家珍珠及珍珠制品质量监督检验中心[1]（以下简称国家珍珠质检中心）于2006年4月顺利通过了国家认证认可监督管理委员会现场评审、计量认证/审查认可（验收），2006年11月挂牌成立，在相关领域内整体技术水平处于国内先进水平。国家珍珠质检中心具备了珍珠类产品、海洋食品、饮料、黄金珠宝等产品（项目）共160项的检测能力，全部通过了国家实验室认可。

2. 广东湛江市场

20世纪80年代后，广东的珍珠养殖商和加工商通过各种途径，率先从日本等地引进先进的加工技术和仪器设备，加工能力得到加强。1992年，广东珍珠加工厂达160多间，年产值2亿多元；1999年有珍珠加工厂100多家，总产值10多亿元。2006年，全市珍珠加工厂98家，年加工珍珠量27吨，占全国海水珍珠的90%，产值4.05亿元。

广东具有代表性的市场是广东雷州市珍珠批发市场。该市场始于1966年。除珍珠批发市场外，广东还有珍珠贝苗孵化场、珍珠贝壳加工厂、珍珠粉厂、珍珠项链加工厂等，构成一个规模较大的产业体系。

广东雷州流沙的尹国荣、尹团、尹国、尹养等私营企业家为珍珠产业的发展做出了卓越贡献。1984年创办养殖场，后从单一的珍珠养殖逐渐发展成珍珠养殖、加工、销售一条龙服务企业，加工的产品90%通过出口销售。另外，广东湛江的中外合资企业广东湛江永业珠宝公司也是一家较大的海水珍珠加工企业，产品大部分出口。中国香港特别行政区的香港民生

---

[1] 资料来源：国家珍珠及珍珠制品质量监督检验中心 http://www.npqic.com/about.php?id=1

珠宝集团股份公司在深圳宝安建立珍珠加工厂，2002年加工9吨珍珠，公司属上市公司，为较大的海水珍珠加工和销售企业。

目前，湛江从事珍珠加工的企业主要包括广东荣辉珍珠养殖有限公司、广州龙之珍珠有限公司、湛江尊鼎珍珠有限公司、湛江市嘉辉珍珠有限公司等。广东省从事珍珠加工和贸易的企业较多，约500多家。

3. 海南市场

海南在珍珠的加工方面，主要通过引进日本激光漂白加工技术进行珍珠的深加工，大大提高了产品的附加值。其中海南海口金盘工业开发区的海南京润珠宝有限公司，年加工珍珠曾达到近1吨，为了保证质量，该公司和国家级鉴定实验室——北京大学宝石鉴定中心联合创立了海南珠宝鉴定所，使公司出售的每一件珍珠首饰都具有国家认可的鉴定证书。海南京润珠宝有限公司拥有标准的珠宝饰品设计和加工车间，拥有现代化成套加工设备和一支熟练的技师队伍，主要生产和开发高质量、高品位的海水珍珠、淡水珍珠系列饰品（含项链、戒指、耳饰、头饰、胸饰等）以及黄金、铂金系列饰品。

除此之外，海南的珍珠企业还包括三亚海润珠宝有限公司，经营范围包括珍珠的科研及养殖，珍珠系列产品的加工、销售，珠宝首饰、工艺品（不含金银）、文化用品、旅游用品生产销售，海洋生化制品及保健品的研制与销售，海洋环保产业的研究与开发，服饰销售，珍珠原材料收购等。

另外，椰海珍珠科技有限公司是一家专注于高档珠宝饰品设计、生产加工、批发零售为一体的现代化企业，在国内率先提出"珍珠产品是奢侈品，不是旅游产品"的设计与销售模式，坚持打造高端珠宝品牌。

（五）南珠文旅业

南珠历史文化悠久。1991年10月，北海举办了首届国际珍珠节（见图4-11），后期共举办了五届，珍珠节的举办大力宣传了中国南珠。随着南珠产业的振兴，在北海市政府的大力支持下，北海市计划于2019年12月4—6日举办2019年北海南珠节暨国际珍珠展活动，届时将邀请国内外珍珠行业翘楚以及国内外的大量珍珠贸易商参展，此活动的举办会将南珠产业的振兴推向一个新的高潮。

图4-11　首届北海国际珍珠节

二、南珠产业发展规模

（一）南珠产量呈下降态势

根据《中国渔业统计年鉴》的数据分析，2003—2018年全国海水珍珠产量在2005—2006年达到了顶峰，之后逐年下降。到2014年之后，中国海水珍珠产量进入低迷期（见图4-12）。

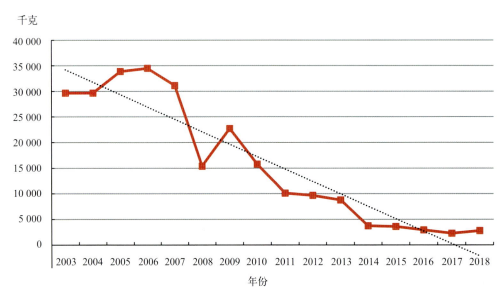

图4-12　2003—2018年中国海水珍珠产量变化趋势

（二）南珠养殖面积同步缩小

沿海地区开发对南珠养殖发展带来显著影响。2010年，广东、广西、海南随着城市建设规划的大力实施，珍珠养殖面积也在逐年降低，珍珠的产量与珍珠的养殖面积也是相对应的。说明整个海水珍珠产业养殖技术基本稳定，珍珠产量与养殖面积成正比（见图4-13）。

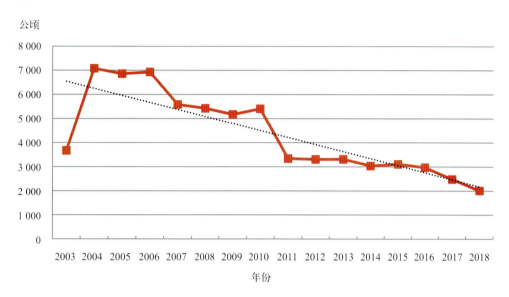

图4-13　2003—2018年中国海水珍珠养殖面积变化趋势

（三）南珠产业集中在"两广"地带

目前，从广东、广西、海南三个省份和自治区的珍珠产量和养殖面积来看，广东的珍珠产量要大于广西和海南。而海南由于港口码头的建设，养殖场倒闭，自2014年之后，整个海南再也未产出珍珠。广西在2010年南珠养殖面积为2 880公顷，但由于北海铁山港码头的建设，改变了珍珠贝的养殖环境，那一年北海60%以上的珍珠贝大量死亡，当年产量仅为228千克，而广东在2010年虽然养殖面积（2 418公顷）低于广西，但珍珠产量为13 753千克，远远高于广西海水珍珠产量。

广西南珠产业主要以北海为主。2018年是北海市实施振兴南珠产业战略的第二年，10家企业及合作社实施南珠养殖。春季养贝育珠822万只贝，是2017年的3.16倍；采收南珠588.08千克，是2017年的3.92倍，产值约为900万元。2018年秋季插核贝为203万只贝，收珠193.486千克，产值约为290万元。2018年，北海市珍珠采收的产值约为1 200万元。

湛江是广东南珠产业发展的核心区域。2018年，湛江珍珠养殖面积为1 253公顷，珍珠产量为1 996千克，产值为3 000多万元。

以前，海南的珍珠主要为大珠母贝和珠母贝所产，珍珠粒大质优，制成的珍珠项链、耳坠、胸饰晶莹华美，珍珠粉美容驻颜，俱为海口热销产品，随着海南自贸区的建设，加上海南是中国的旅游胜地，珍珠业发展潜力大。目前，海南珍珠市场海水珍珠和淡水珍珠的销量均较大，相信随着经济及旅游业的发展，珍珠业将成为海南经济的重要产业。

表4-3　2003—2018年全国海水珍珠产量统计 [①]

（单位：千克）

年份	全国	广东	广西	海南
2003	29 674	20 133	9 191	350
2004	29 670	20 890	8 500	280
2005	33 870	22 845	11 025	—
2006	34 487	24 634	9 500	353
2007	31 131	22 809	7 522	800
2008	15 392	7 219	6 522	1 651
2009	22 713	13 791	7 222	1 700
2010	15 781	13 753	228	1 800
2011	10 101	7 445	756	1 900
2012	9 663	6 903	760	2 000
2013	8 764	6 052	607	2 105
2014	3 727	2 910	817	0
2015	3 586	2 805	781	0
2016	2 925	2 500	425	0
2017	2 272	1 990	282	0
2018	2 779	1 996	783	0

① 数据来源：中国渔业统计年鉴（2003—2018年）。

表4-4 2003—2018年全国海水珍珠养殖面积统计 ①

（单位：公顷）

年份	全国	广东	广西	海南
2003	3 673	3 330	307	36
2004	7 080	3 350	3 700	30
2005	6 858	3 258	3 600	—
2006	6 929	3 222	3 600	101
2007	5 584	2 896	2 637	51
2008	5 427	2 664	2 660	103
2009	5 173	2 408	2 660	105
2010	5 408	2 418	2 880	110
2011	3 339	2 253	974	112
2012	3 306	2 254	932	120
2013	3 310	2 264	925	121
2014	3 036	2 126	910	—
2015	3 108	2 236	872	—
2016	2 971	2 103	868	—
2017	2 486	1 615	871	—
2018	2 008	1 253	755	—

三、南珠产业技术

（一）南珠养殖技术

党的十一届三中全会以来，中国的珍珠养殖技术突飞猛进，多家科研单位开展了对马氏珠母贝的生理、生态、人工育苗、病虫害防治、珠核及插核等方面的研究，形成了一套完整的人工育苗、珍珠养殖和育珠、采珠技术体系。

1. 育苗

首先在实验室人工授精，胚体初育后迁至育苗池用清洁海水和充足饵料饲养20～30天，到附着期投以采苗器即可获得人工贝苗（见图4-14）。

---

① 数据来源：中国渔业统计年鉴（2003—2018年）。

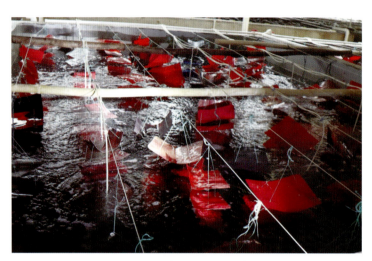

图4-14　2018年北海市珍珠育苗场

2. 养成

从刚孵化出来的小贝到可以插核的母贝，需要经过1年半以上的时间养成，这段时间珍珠贝生长的好坏程度取决于人工管养。母贝养成是以2.5厘米网目的网布、铁线做成的圆笼、方笼、双层笼、片式笼，采用地播式、棚架垂下式、浮筏式，浮球延绳筏吊养母贝。养成场要求在风平浪静、透明度高、海水饵料丰富、沙或泥沙质底的海区。母贝养成时管理要做到"四个及时"，及时分贝疏养、及时清除敌害及附着物、及时调节养殖水层、及时防病。经过1年半时间便可作为优质插核母贝（见图4-15）。

图4-15　2013年和2018年北海市南珠养殖基地

（注：左图为2013年北海市秀派珠宝有限责任公司涸洲养殖基地照片；

右图为2018年北海市旺海珠宝有限公司养殖基地照片）

3. 插核

人工植核是珍珠生产的关键环节。按生产计划准备植核用贝和珠核。准备需要配备包括切取细胞膜小片和植核操作的主要工具，如切刀片、拴口器、前导针、送核器等。插核母贝一般要求1.5～2龄，壳高6厘米以上，健康无病，要经过术前处理、排贝和栓口，母贝准备好后，就可以进行植核操作了。珠核一般由淡水蚌和海水贝类的贝壳打磨而成，要求正圆、洁白、光滑，没有裂缝、平头，核面无凹凸线纹和明显斑纹。植核程序为：切取细胞小片—细胞液药物处理—母贝检查—切开口—通道—送片—送核。依送片顺序分为前放核法和后放核法。植核时小片切取要以色线为中心，内外各占50%，切成2.8毫米正方形小片，并切除净细胞膜边缘触手细胞，经细胞药物处理后方可使用。植核时贝、核、片比例要合适，才能保证留珠率和珍珠的质量（见图4-16）。

图4-16　北海市珍珠人工插核

4. 育珠管养

育珠场一般选择以海湾中央至湾口浪静流畅，沙或泥沙质，最低潮水3～6米，饵料丰富，比重适中，透明度好的海区。珍珠插核贝经休养恢复后移入育珠场，以打桩式、浮筏式、棚架垂下浮球延绳筏式深水育珠等方式进行育珠培养。育珠贝最适宜的水温为23～25℃，冬季水温最低不低于13℃，夏季最高水温不高于30℃；水的最适比重为1.020～1.025，雨季最低不低于1.013的海区。水温低于13℃时，代谢机能降低，水的比重1.00，水温低于10℃时，珠贝会大批死亡。在两年期的育珠贝管理期间要定期清除贝体上的沉积物和附着生物，并及时进行敌害（鱼、蟹、螺及黑壳病，病害等）的防治，调节养殖水层，促进珠质的分泌和抗灾。

育珠期的长短与植入珠核的大小和育珠场的条件优劣有关。一般都在1年以上。但现在，国内外利用马氏珠母贝培育珍珠时，普遍采用春季插核和秋季插核的模式，育珠期只有8～10个月。当然，各个珍珠场的海况条件、植核和育珠技术各有不同，不应强求一律，只要珠层厚度达到商品规格（一般为400～500微米以上），就可结束育珠（见图4-17）。

图4-17 北海市珍珠养殖管养

（注：左图为北海市旺海珠宝有限公司工人在进行珍珠管养；

右图为北海市铭美珍珠有限公司养殖场工人在进行管养）

5.采收

收珠时间一般要在冬季期间，水温在13～17℃时进行，因为夏、秋两季水温较高，珍珠质分泌快，珍珠表层结构粗糙，色泽和光洁度差。因此，夏秋两季不宜收珠。收珠时，将育珠贝取回，用开贝刀打开贝壳，将贝壳和软体部分分离开来，取出人工珍珠和天然珍珠即可。收珠后，首先用40℃左右的肥皂水洗涤，除去黏液，然后用清水洗净，用软毛巾拭干（见图4-18）。

图4-18　2014年和2018年北海市珍珠采珠现场

（注：左图为2014年广西南珠宫投资控股集团现场收珠照片；

右图为2018年北海市现场采珠照片）

（二）南珠加工技术

珍珠的原珠产出后，必须经过漂白处理，才能用于珠宝首饰业中。

珍珠加工的过程是：选珠、脱脂（去污）、漂白、抛光、钻孔、串珠和镶嵌（见图4-19）。

1. 选珠

按照既定的标准挑选符合要求的珍珠。

2. 脱脂、漂白、染色和抛光

漂白时保持室温在20℃，并且光线、压力（需减压）要一定。将珍珠浸泡在装有双氧水的洁净、透明的宽颈玻璃瓶里，在浸泡过程中不断把已经漂白好的珍珠取出来，其余的继续漂。取出后的珍珠用洗洁精清洗，然后再用专门的机器甩干。漂白为加工的主要工序，通过漂白可使污珠或浅黄色珠改变原来的色泽变成白色。珍珠在染色前首先要将漂白后的珍珠用水洗净，再浸入酒精中，在温度为40℃的条件下浸泡6小时，再用染料进行染色。染色可以改进珍珠白度和光亮度，使之符合用作饰品的珍珠的要求，主要分为化学着色和辐照改色两种途径。抛光是在南珠漂白后，为了增加珍珠的光泽所进行的加工工艺，即提高南珠表面反射光的强度及映像的清晰程度。

3. 钻孔

它是先将针装在钻孔机上，然后再对珍珠进行钻孔。这种针非常讲究，是将直径为0.6毫米或0.8毫米或1.0毫米的钨钢做的圆柱体磨成等边三角形，再将等边三角形的面磨到与水平方向成45°，长度不定。给珍珠钻孔时，针自身在转动，并且前后移动。

4. 串珠

国际上规定珍珠项链长16英寸，一般用尼龙绳串珍珠，同时还可以将贝壳做成各种工艺品，非常有创意。

分选　　　　　　　　　　　　　穿链

打孔　　　　　　　　　　　　　镶嵌

图4-19　珍珠加工工艺流程
（注：照片由北海市南珠宫提供）

四、南珠产业发展模式

目前，南珠产业的发展模式多为个体经营。养殖场几乎都是各自为政，相当部分养殖海区放养量没有限制，放养密度过大，尤其是近两年，由于政府扶持和市场需求，出现了群众性的养殖珍珠热，珍珠养殖规模空前。由于海区饵料的量是一定的，珍珠养殖户没有统一的养殖标准，最终导致养殖海区饵料不能满足珍珠生长的需要，海区养殖容量超标，出现珍珠生长缓慢，珠层分泌较慢的局面。

另外，个体养殖场的资金来源于自筹，而目前珍珠养殖产出与投入基本持平。所以，在某种程度上制约了生产的发展，尤其在科研、技术革新和引进新技术方面的资金投入不足。而在新的环境下，如果不能引进新技术，仍是应用传统的生产模式是很难养出高质量的珍珠。

2017年4月，北海市振兴南珠产业领导小组办公室成立。北海市南珠产业得到了政府的大力扶持，北海市以标准化带动南珠产业提质升级，以建设"一区三中心"为抓手（南珠养殖现代农业核心示范区、中国南珠加工研发中心、中国南珠交易中心和中国南珠文化交流中心），完善"一个规划"、实施"五个行动"、实现"两个发展"。在北海市振兴南珠产业办公室的领导下，调整南珠养殖区域，扩大南珠养殖规模，规范南珠养殖技术，提高加工和研发能力，发展精深加工，提升标准化水平，目前正在积极筹建中国南珠产业标准化示范基地。

广东湛江曾以干股制方式把珠农统筹起来，统一发放珠苗、统一管理，以管理、技术、工种入股，让利70%给农户，通过"公司＋基地＋农户＋管理＋技术"的方式，用金字塔模式来分组管理，全程管控好珍珠贝苗种孵化、珍珠养殖、珍珠加工、珍珠贸易、珍珠文旅等各个环节，确保珍珠质量稳定。

从南珠产业发展模式的角度考虑，南珠产业的振兴，需要建立政府引导、龙头企业引领的市场化运作模式，打造具有国际竞争力的海水珍珠产业示范窗口。

第五章

南珠产业发展的问题及
对策建议

第一节　南珠产业发展存在的问题

一、养殖环境恶化，生境问题突出

养殖环境是南珠养殖的最基本的条件。目前，环境问题已成为制约南珠产业振兴面临的首要问题。首先，陆源污染对珍珠养殖海域造成巨大污染。随着中国沿海地区经济发展，海岸带及近海空间集聚了大量产业，人口密度不断攀升，生产与生活给海岸带及近海海域的环境造成巨大压力，来自陆地生产与生活污染物对海水水质及海洋生态系统产生较大影响，养殖环境被污染。

其次，不规范养殖行为给珍珠产业发展带来显著的负面效应。早期养殖规划与引导的缺失，导致珍珠养殖盲目追求生产规模，扩大了自身行为对海域环境造成的影响，主要体现在超容量养殖，部分养殖海区吊养密度超出合理容量的数倍甚至数十倍，高密度养殖远超过环境承载能力。这种超负荷养殖引发了三种严重后果：一是饵料供应不足，珍珠贝生产慢、个体小、体质差、病害多、死亡大；二是排泄量加大后会直接污染水质和底质，加速场地老化；三是吊养密度过大阻碍水体交换，造成局部缺氧甚至死贝。这种恶劣养殖环境，不但影响母贝的生长发育，而且导致育珠贝留核率、成珠率低，珍珠质量差，给海水养殖业埋下毁灭性隐患。

第三，沿海地区的快速发展使得原有珍珠养殖海域被占用，养殖面积在压缩。随着北部湾经济区发展规划的全面实施，临海工业和港口码头建设快速发展，海洋功能区划与城市总体规划发生改变，原有的养殖区已被划为非养殖区，不再适宜养殖。

二、养殖技术创新不足，原珠品质下降

南珠养殖技术主要体现在苗种繁育、珍珠贝养殖与插核、珍珠贝管养等方面。首先，马氏珠母贝种质退化。由于长期无序育苗，造成近亲繁殖，种质退化，目前珍珠贝个体普遍偏小、体质弱、病害多、死亡率大、育珠效果差。其次，珍珠插核技术相对落后，育珠贝死亡率高、留核率低，影响优质珍珠产出。三是养殖管理技术有待改善。虽然近年来地方政府对南珠养殖户或珠农进行了科学管理与规范的技术指导与培训，但效果不是很明显，先进养殖技术难以推广开来，大多数珍珠养殖都是采用"浅水平养"模式，珠贝成活率不高。四是在珍珠插核、育珠、病虫害防治等关键技术方面自主创新不足，大部分以引进日本技术为主，而日本恪守珍珠"三原则"，先进技术难以被引入到国内，能够引进来的技术对南珠养殖的引领性不强。

目前，受技术水平低的影响，南珠产业发展急剧衰退，南珠品质与同类产品相比不具有太大优势。比如南珠和日本珍珠，母贝是一样的，但是日本的珍珠产量和质量都能跟上，而南珠在产量和质量这一方面的竞争力仍是个问题。

三、加工技术简单粗放，综合利用度不高

中国的南珠加工主要集中在湛江雷州和徐闻，部分集中在广州和深圳，极少部分集中在中国香港特别行政区[1]。首先，南珠产业的各个加工企业加工规模小、力度不足，且加工设备与技术落后，加工能力低，加工产品单一、款式不多，南珠和贵重金属的镶嵌、组合、造型设计等方面的产品少，导致高质量的南珠附属品较少，南珠竞争力在国内以及世界范围内大大减少[2]。其次，南珠缺乏精深加工，大部分以简单粗加工为主，研发能力不足，产品单

[1]　高志亮. "一带一路"视角下中国南珠产业的现状分析及发展战略[J]. 中国海洋经济, 2017(2): 45−55.

[2]　郭逸雁, 秦天麟, 魏嘉伟. "一带一路"下广西北海南珠产业的困境与突破研究[J]. 中国商论, 2019(14): 203−207.

一，珍珠层粉、珍珠粉、珍珠膏霜类化妆品、保健品等深加工产品数量少且科技含量不高，珍珠贝肉、贝壳等附加产品利用层次和效率不高，造成南珠成品附加值低。

四、贸易流通渠道单一，线上渠道尚未成熟

长期以来，南珠的销售渠道主要是实体店，大多是由个体老板或中间商贩收购，再进行简单加工后进行销售。目前，随着信息网络的发展，电子商务等线上虚拟销售平台发展迅速，一定程度上为南珠销售提供了另一渠道，对南珠销售具有一定的推动作用。从运营情况来看，由于缺乏官方认证，消费者难以去辨别南珠的真伪，使得南珠网上销售出现"柠檬市场"特征，以次充好、以假乱真的问题突出，最终导致线上销售成效相对不高。对于南珠这类高档品，消费者购买方式也更倾向于实体店，说明当前南珠产业网络销售渠道还未拓宽出来，导致线上渠道无法为南珠产业带来可观的经济效益。

五、市场监管有待进一步强化

目前，政府、行业间协调沟通缺位，导致市场无序、流通不畅，在南珠的流通领域，一直没有建立起政府与行业间的有效协调机制，行业自身也缺乏一个自我约束机制和自律规章，处于一种无序的市场状态。因此，不论是淡水珍珠市场还是海水珍珠市场，普遍存在标价签不规范、虚标价格，假冒伪劣珍珠及衍生产品充斥市场等乱象，产品以次充好、以假乱真、以淡水珠充海水珠，质次价高，甚至通过高额回扣招揽生意等现象频发，"劣币驱逐良币"现象突出，影响南珠声誉并妨碍产业发展。在实地调研过程中，就发现某地生产出的有核淡水珍珠运到北海充当海水珍珠进行销售的现象，企业虽然获取了个体高额利润，但严重影响了海水珍珠在珍珠行业中的声誉，加之政府缺少完善的监管体系以及执法力度不够，最终扰乱了海水珍珠市场。在珍珠市场也存在珠农与小贩的相互压价，中间商大发横财，同时也会被外商利用，压价收购，造成创汇下降、资金外流的现象。

第二节　南珠产业发展的对策建议

一、南珠产业发展的现行政策

（一）北海市南珠产业政策

北海市委、市政府十分重视南珠资源的保护和南珠产业规范化管理，编制了《北海市南珠产业发展规划（2012—2020）》，市政府于2013年7月批准实施，规划确定了营盘白龙、山口乌坭共7万亩永久性养殖基地，规划了3个珍珠原良种场，在营盘镇白龙村西南面设立一个1.2万亩的马氏珠母贝自然繁殖试验区，同时规划了珍珠加工交易中心区、南珠文化旅游开发区等功能布局，制定了《海水养殖珍珠等级》标准、《马氏珠母贝原种》标准和《马氏珠母贝养殖技术规范》。

2004年，国家质量监督检验检疫总局通过了对北海合浦南珠原产地域产品保护申请的审查，批准北海市为"合浦南珠"原产地域，北海"合浦南珠"成为国家地理标志产品。"合浦南珠"作为国家地理标志产品得到了北海市政府的有力保护，建立了"合浦南珠"产品质量标准样品，审定并实施了《地理标志产品合浦南珠》和《合浦南珠地理标志产品保护规定》等政策法规。同时，"珍珠及珍珠制品质量监督检验中心"落户北海。

2016年11月，受国家标准委委托，广西壮族自治区质量技术监督局组织相关专家通过了北海市承担的第八批国家农业标准化示范区——国家珍珠产业综合标准化示范区的考核验收。自2013年12月北海市质量技术监督局承担创建"国家珍珠养殖综合标准化示范区"以来，历时3年建设，建成珍珠标准化养殖、珍珠标准化加工、珍珠标准化销售3个核心示范基地，1个标准化珍珠贝良种场，形成了珍珠育苗、养殖、珍珠饰品加工、特殊珍珠副产品加工、珍珠旅游文化传播的珍珠标准化生产示范产业链。

2017年4月，北海市市委、市政府提出了"举全市之力振兴南珠"，成立了北海市振兴南珠产业办公室，出台了《北海市南珠养殖用海规划方案》、《关于振兴南珠产业扶持和奖励措施的实施意见》等南珠产业发展系列政策，支持北海市南珠产业振兴。这些措施填补了北海市南珠产业发展史的空白，对保护好、发展好南珠，重振南珠将起到重要的作用。

（二）广东省南珠产业政策

2009年起，驻湛人大代表、政协委员就多方奔走，呼吁在雷州、徐闻等地打造"南珠"产业化基地和示范加工园区，振兴中国南珠产业。2010年6月，广东省振兴南珠产业研讨会在湛江市召开，来自高校、科研院所和相关企业的100余名专家、学者，面对面交流探讨，为振兴南珠产业出谋划策，大家一致认为要振兴南珠，必须要提升南珠的生产质量和效益，加快南珠产业转型升级，重塑南珠品牌。在2016年全国"两会"期间，人大代表、广东海洋大学教授雷晓凌建议国家对南珠养殖海区科学规划和整治、保护，恢复南珠产量和质量。

2017年，雷州市流沙珍珠孵化养殖加工一体化产业基地被广东省发展和改革委员会立项为省重点项目。湛江市、雷州市政府工作报告中多次提出要重振南珠产业，并加大了招商引资的力度，湛江市、雷州市主要领导也多次前往流沙调研，要求培育壮大珍珠产业。

为了优化海域养殖环境，保证珍珠质量，2018年底雷州市有关部门对流沙湾海域开展大规模海湾清障整治行动，在短短三个月内就清理海域面积10 000多亩。

2019年年初，经过多方酝酿，《雷州市南珠产业发展规划（2019—2025）》出台。

二、南珠产业发展的原则

南珠产业要实现振兴与可持续发展，必须坚持规划先行、生态优先、科技引领与协调融合的发展原则，科学、合理、有序地推进南珠产业转型。

（一）生态优先原则

解决生态环境问题是当下经济转型发展的重大课题。任何经济行为或资源开发都要坚持不以损害生态环境为代价进行发展，对于破坏生态环境的行为要坚决抵制。南珠养殖作为海水养殖的重要构成，其发展的基本条件是适宜的海域环境，如果养殖环境遭到破坏，南珠养殖将难以为继，事实已经证明了这一点。因此，在今后的产业发展中，要始终贯彻生态优先的原则，将生态理念贯穿于南珠产业发展的全过程中。坚持在生态中开发，不断优化南珠养殖模式与加工模式，引导南珠养殖向生态化、集约化与绿色化方向发展，创新南珠生态养殖模式与绿色加工方式，将南珠产业发展的不利影响降到最低。

（二）规划先行原则

规范性是南珠产业可持续发展的重要因素。传统市场引发盲目生产的弊端已对产业发展造成损失，凸显了南珠产业规划的重要性。因此，南珠产业要实现振兴就要始终坚持规范先行的原则，科学合理地布局南珠养殖区域、激发南珠技术创新，让养殖企业或珠农发展南珠产业有章可循、有法可依。同时，新时期，在高质量发展背景与生态文明建设下，通过南珠产业规划约束规范行业发展，既可以避免市场盲目性带来的损失，也可以减少不规范行为对海洋生态环境造成的破坏，引导南珠产业有序、合理发展。

（三）科技引领原则

科技创新是引领产业发展的第一动力，科技创新驱动战略是中国新时期重要的发展战略。南珠产业是高技术依赖性产业，对南珠技术的需求较大，主要体现在种质资源保育技术、养殖技术、育珠技术、病虫害防治技术、加工技术与设计技术等。目前，中国南珠产业技术与日本等国家相比，相对落后，传统的养殖模式、育珠技术与加工技术难以支撑产业发展需求，产业技术创新迫在眉睫。针对中国南珠产业存在的问题，生境修复、养殖育珠、病虫害防治与珍珠精深加工是今后南珠产业科技创新关注的重要领域。同时，从事南珠产业的科研机构或人员相对较少，政府要加强南珠科研机构的扶持与发展，壮大南珠人才队伍，方能为南珠产业科技创新提供持续支撑。

（四）协调融合原则

三产融合是中国经济转型、塑造新动力的重要方式。高度融合主要体现在两个层面：一是产业内部的融合，即南珠产业链的重组。传统南珠产业链是按照上下游业务关系构建起的垂直产业关系，这种流水线式的产业链在一定程度上会提高产业效率，但也人为造成了产业交融的壁垒。因此，要打破传统产业链模式，通过南珠产业链重组，珍珠贝苗种繁育、珍珠养殖和加工、文旅、科研等三产融合，构建起网格状的南珠产业发展模式。既要积极引导南珠文旅与科教产业向养殖、加工与苗种繁育等前向产业延伸，也要引导养殖、加工与苗种繁育等向后向产业拓展，协调三产，实现南珠产业一、二、三产业的融合发展。二是产业间的融合，即珍珠产业与非珍珠产业的协调发展，鼓励珍珠产业与医药产业、美容保健产业、建筑材料产业等合作发展，拓展产业合作面并提升珍珠产业附加值。

三、南珠产业振兴的对策及建议

如今，南珠产业发展缓慢，主要表现在南珠总量不足、品质不优。因此，提升南珠在全国乃至全球珍珠行业中的地位和竞争力，要秉承"量足质优"的方针，在扩大南珠产业规模提高产量的基础上，坚持"生境修复、技术升级、空间突破、市场拓展"的总体思路，实现南珠品质突破。

（一）继续加大政府引导

结合南珠产业振兴需求，进一步完善海洋功能区划，坚持陆海统筹，协调处理好海洋渔业与临海工业、港口与港城的发展，合理布局南珠产业开发、临海工业园建设与城市规划的关系。结合产业发展需求与时代要求，逐步完善广西壮族自治区海域使用布局，坚持"宜产则产、宜渔则渔、宜保则保"的因地制宜、实事求是的原则，优化海洋功能区划。进一步明确海洋渔业特别是南珠养殖用海用地，以法律形式把它们固定下来，尤其是对优良、传统的南珠养殖海域要明确重点保护和进行合理开发。

加大政府政策对产业健康发展的引导，出台相应的优惠政策和配套措施，引导和鼓励民间及外商前来投资。安排专项资金支持马氏珠母贝原良种场建设、南珠产品专业市场、南珠产品质量检验检测中心、南珠科技研发、南珠产业各类人才培训等南珠产业发展项目，做好南珠产业开发的基础性工作。

加强市场监管，规范南珠市场秩序。严格按照《北海市加强珍珠市场监督管理实施办法（试行）》等规定规范珍珠产品经营秩序。协调工商、质检、物价、食药监、旅游等部门，强化珍珠市场监督管理，坚决抵制以假乱真、以次充好等违法违规行为。积极开展南珠产品质量检测和防伪技术研究，构建以地理标志、二维码技术的溯源标识的南珠质量追溯体系。

（二）开展养殖环境研究与修复

生态环境问题是南珠产业持续发展要解决的首要问题，也是南珠产业发展的基础，如何让珍珠贝在优越的环境下生存是解决问题的主要目标。目前的主要工作包括两个方面，一是强化养殖环境监测跟踪研究，加强对已被污染的海域进行生态化处理，通过生态技术修复养殖海域；二是优化南珠养殖模式，推广生态化养殖方式，避免产业发展带来的再次污染。同时要通过养殖技术创新，提高珍珠贝的环境适应能力与病虫害防治能力。

（三）优化南珠产业发展模式

1. 生态集约化养殖模式

结合中国海水养殖发展模式演变趋势，探索建立生态集约化养殖模式是实现南珠产业振兴的重要途径。南珠养殖可以尝试推行工厂化养殖模式、深水网箱立体养殖模式、"陆基育苗休养 + 海上放养"陆海接力模式。

（1）工厂化养殖模式

工厂化养殖是一条对环境污染小、病害少、密度高、养殖生产不受地域或气候限制和影响的高投入、高产出、低风险的可持续发展途径。目前，淡水珍珠工厂化养殖逐步推进，浙江诸暨市的相关养殖企业进行了尝试与试验，效果比较明显。南珠养殖不同于淡水珍珠养殖，面对的养殖条件更加复杂，对综合技术的依赖性更强。发展南珠工厂化养殖模式的主要关键点包括：一是马氏珠母贝的饵料供给。贝类属于滤食性动物，主要过滤摄食水体中的浮游植物和悬浮颗粒物，其生理特性决定了珍珠贝对饵料大小的要求，这对珍珠贝人工饵料研发以及投食方式带来挑战。二是水温控制。海水贝实现工厂化养殖就要对水温进行控制，虽然海水贝对海水温度差的变化适应较大，但尽量将海水温差控制在一定范围之内。淡水珍珠在工厂化养殖中温差超过5℃，就会出现病变，海水贝的温差范围多大，需要进一步研究与确定。三是循环水零排放技术，它是一种通过水处理技术将养殖水净化处理后再循环利用或排放的技术，目前在淡水养殖方面已成功应用，但海水养殖仍在探索。

（2）深水网箱立体养殖模式

为了加快推进南珠产业向深远海进军，需要研发设计深水网箱立体养殖模式。模式设计理念主要来自两方面，一是海上养殖风险性考虑，建议采用深水抗风浪网箱设计；二是立体养殖，主要基于生态理念考虑综合开发效率的问题。因此，此模式的主要关键点主要包括三个方面：一是养殖海域选址，通过环境评价机构和官方论证认可，获取相应的养殖海域；二是抗风浪网箱设计，外海作业受自然灾害影响较大，可以借鉴目前鱼类深水养殖网箱的设计理念（养殖工船），制作适合海水贝养殖的抗风浪网箱；三是立体养殖的空间利用与混养物种的选择。结合海洋牧场的生态理念，综合开发网箱立体空间，利用生态位学原理，采用不同物种分层混养模式，提高网箱空间利用率，关键问题在于混养物种的选择。

（3）"陆基育苗/休养 + 海上放养"陆海接力模式

向海经济的发展就是要坚持陆海统筹，实现经济体融合发展。通过发展南珠养殖陆海接力模式，将南珠产业发展新模式打造成向海经济新的示范项目。"陆基育苗/休养+海上放养"陆海接力模式也称之为"2 + 2"模式，即2次陆上养殖和2次海上放养的陆海接力。此模式的主要设计思路是首先在陆地上建立马氏珠母贝育苗基地，采用人工育苗方式培育海水贝，等到海水贝长到适合放养的尺寸后进行放养，提高外在环境适应能力。其次，在海水贝育珠阶段，建立陆上育珠与休养基地，对于育珠后的海水贝在优质的环境中进行休养，提高育珠贝的成活率，休养结束后再次进行放养。

2. 南珠产业联盟模式

产业融合发展是中国经济转型的重要依托，也是培育产业发展新动能的重要方式。目前，北海市从事相关南珠产业发展的企业独立运作，行业协会的价值仅是在市场约束及规范，缺乏以技术创新或业务合作为纽带的联合体。因此，在产业融合发展的同时，加快推进北海南珠产业链向下游产业间的合作与协调，产业的协调合作关键在于企业间的联合，建立以南珠养殖为主要载体的产业联盟，既能提高南珠产业的市场竞争力，又能增强抵御产业风险的能力。模式的主要运作方式是通过南珠龙头企业带动建立以全产业链的企业联盟机制，主要围绕南珠养殖、加工与研发设计开展业务，推动建立北海南珠国际贸易中心、中国南珠加工交易中心，通过产业联盟合力将北海打造成集南珠生产、加工、设计、文旅为一体的国际化南珠基地。同时，构建"政府 + 基地 + 科研院所"的合作方式，实现三方在技术、政策与产业发展的交流合作，巩固南珠产业发展联盟。

3. "互联网+南珠"虚拟销售模式

如何将南珠更好的销售出去，扩大南珠市场规模？在信息网络化时代，加快南珠虚拟网络销售平台的建设是目前珍珠销售的有效选择之一。结合北海市部分南珠企业初步在第三方（京东、淘宝等）网络销售平台开展的营销活动，大力推进南珠产业信息化建设，借助"互联网+"发展壮大南珠电子商务产业，建立起全产业链的南珠网络销售平台，让消费者能够通过网络视频直观地感受南珠的育苗—育珠—成长—采珠—加工—设计全过程。同时，加快南珠官方网络认证体系建设，采用"一珠一码"的质量追溯体系，让每一颗珍珠都拥有自己的身份证件，从而保障南珠产品的真实性，逐步改变消费者对网络购买的抵触心理。

4. 南珠文旅带动模式

坚持"文化搭台、经济唱戏"的理念，充分挖掘合浦南珠的历史文化及遗址文化，满足如今消费者对产品追根溯源的好奇。此模式就是通过利用南珠文化，带动南珠产业快速发展的方式。首先，南珠文化的搜集、整理，组织相关文化、旅游、网络媒体、宣传部门及各类集体或民间文化团体挖掘南珠历史文化内涵与底蕴，采用更加贴近群众、贴近生活的艺术表现形式，加快推进南珠文化资源产业化，在南珠宫的基础上建立文化产业化载体，例如中国南珠博物馆、文化馆、体验中心等。其次，围绕南珠产业，以拓展南珠产业价值链、提升南珠产业附加值为目的，大力发展观光旅游、体验旅游以及渔业旅游、科普教育等南珠休闲旅游业，让枯燥、乏味的南珠养殖、加工、设计等融入休闲的色彩，焕发新的活力。最后，借势"一带一路"，积极参与"一带一路"沿线国家的文化交流，深化广西东盟文化交流合作方式，建立中国南珠文化国家交流中心，定期策划筹办国际南珠珍珠节等重大活动，将合浦南珠文化真正推向世界，用文化的力量扩大南珠的国际市场，增强南珠贸易的国际竞争力。

（四）构建南珠技术创新联盟

建立"政府+企业+科研院所"的南珠技术联盟，充分发挥三方优势，集中优势力量对制约南珠产业发展的关键核心技术进行攻关。主要体现在加强马氏珠母贝天然种质资源的保护、提纯复壮工作，开展大珠母贝、珠母贝、企鹅珍珠贝等的人工育苗、养殖和育珠的研究，推动珍珠养殖向多品种发展。建立科学养珠技术，以提高珍珠养殖质量为突破口，控制养殖规模，合理布局；对老化场地及海区实行轮休养殖，开发新场地，发展深海浮子延绳多层网笼立体吊养，降低养殖密度。

南珠加工技术升级推进南珠加工业向综合开发迈进。南珠及珍珠贝综合开发利用是近年来加工产业发展的重要趋势与方向。通过与国内科研机构和高等院校合作，引进国外先进的珍珠加工技术或生产线，提升南珠工艺品设计和制作水平，开展漂白及增色关键工艺的配方及抛光处理等关键技术攻关，提升珍珠加工技术和工艺水平。综合开发利用南珠，以技术创新引领南珠精深加工，关键在于南珠有效成分提取技术的创新以及珍珠副产物的综合开发技术。同时通过技术融合，带动南珠产业与医药业、美容业或保健产业的融合发展，提高南珠产业附加值。另外，加快珍珠贝的综合开发利用，据研究可知，马氏珠母贝母液中含有23种氨基酸，经济开发利用价值极高。

增强南珠产业科技实力，加快南珠人才引进与科研机构筹建。吸引珍珠专家入驻北海，建立珍珠专家数据库，以自然资源部第四海洋研究所、国家贝类体系广西贝类技术推广站、广西正五海洋产业股份有限公司的贝类加工工程技术研究中心等为依托，与广东海洋大学、上海海洋大学等建立合作关系，加速筹建北海南珠研究院、研究所等科研机构，将北海打造成海水珍珠科技中心。

（五）拓展与优化南珠产业空间和布局

目前，中国南珠养殖主要集中在广西、广东两地，且珍珠养殖面积逐年缩减，根据陆海统筹坚持"双向"拓展的原则，要积极拓展南珠产业发展空间。南珠养殖的空间布局决定了其下游产业的布局，坚持陆海统筹、海陆联动的布局方针，方可实现南珠产业有序发展。

1. 南珠养殖空间拓展与布局：陆海"双向"拓展

"双向"拓展主要是依靠现代化南珠养殖技术向陆地进行工厂化养殖和向海如南海、三沙等进行深远海网箱养殖。陆地工厂化养殖尽量布局在南珠企业比较集聚的区域，便于集中对南珠企业进行统筹管理，探索建立国际南珠工厂化养殖示范区，扩大集聚效应与示范效应。外海拓展主要是向涠洲岛以南至南海三沙市海域进行拓展，按照生态先行的原则，合理布局南珠养殖区域。另外，结合中国远洋渔业发展模式，积极将南珠养殖融入远洋渔业体系中，鼓励有实力的企业向友好国家申请海域，建立域外南珠养殖基地。

2. 南珠加工空间拓展与布局：近市场或产地布局

南珠加工业主要分为两种：一是南珠饰品加工；二是南珠再加工产品。其中，南珠饰品加工主要是对原珠进行艺术设计，设计出消费者喜爱的珍珠饰品，例如珍珠项链、手环、耳坠、胸花等，对于这类南珠加工产业要布局在靠近消费市场的区域，便于便捷高效地了解消费需求变化动态，捕捉当下流行的消费需求。目前，北海市南珠饰品加工主要是企业自身加工或委托深圳等珠宝设计公司代加工，没有形成具有较大竞争力的南珠加工企业或中心，建议在南珠宫基础上成立中国南珠精加工中心。南珠再加工产品主要是针对下层珠的深加工，主要利用珍珠镇心养神、去翳明目、解毒生肌和美容养颜的作用，通过粉化、液化、乳化等工艺，提取珍珠、珍珠贝肉的牛磺酸、氨基酸等生物活性成分，研制生产珍珠系列药品、美容化妆品、保健品等高附加值产品。另外，马氏珠母贝贝壳的再利用，可以将珍珠贝研磨成粉用做建筑材料或者化学添加材料，也可以将珍珠贝光滑打磨制作艺术品。后面这类南珠加工产业建议布局在靠近养殖基地的区域。

（六）以龙头企业带动知名品牌培育

培育壮大南珠龙头企业或养殖带头人。基于目前南珠龙头企业不强或者南珠养殖缺乏带头人的现状下，借鉴其他产业发展经验，在政策、资金、人才、技术等方面扶强一批龙头企业或养殖带头人。一方面培育或引进掌握先进南珠养殖技术和管理经验的养殖带头人，带动当地南珠养殖发展；另一方面培育壮大南珠龙头企业，引导向科、工、贸一体化，产、供、销一条龙的珍珠企业大集团迈进，通过标准化技术管理，形成公司＋基地＋农户的集约型发展模式，利用龙头企业在资金、人才、技术、管理和市场信息优势，不断扩大外延、充实内涵、拓展产业空间、拉长产业链，改变南珠产业经营分散、企业规模小、生产盲目性大、市场导向不明的状态。

将南珠产业纳入质量品牌提升建设行动中，以提高南珠产品知名度和附加值为目的，合理引导南珠企业加强质量管理与品牌建设。积极引导具有竞争力的南珠龙头企业或产业联盟实施品牌化策略，塑造具有地域特色的南珠品牌。加大对南珠文化的深层次挖掘和推广力度，将文化、灵性元素注入南珠产品，充实南珠品牌元素，打造一批具有南珠特色、展示南珠文化的产品，提高南珠产品的市场竞争力。积极鼓励南珠企业与国内外著名珠宝研发设计团队合作，采用先进的理念与设计技术，设计出符合当下消费者需求的南珠产品，做强做优自主创新品牌。

（七）扩大南珠对外开放合作

加强与国内珍珠企业的合作交流，学习借鉴淡水珍珠养殖模式，尤其是工厂化养殖，以及在病虫害防治、珍珠管理、市场拓展、销售渠道等方面的经验，为南珠产业转型提供经验支持。另外，加强广西、广东、海南等地区南珠养殖协会、养殖企业与科研设计机构的合作，建立跨地区的南珠综合交流机制，降低因区域恶性竞争带来的弊端，携手推进南珠产业振兴。

积极与海水珍珠养殖国家进行技术交流，学习借鉴日本、澳大利亚、大溪地等国家和地区的海水珍珠养殖技术与发展模式，加快促进南珠技术创新与模式优化升级。提倡建立国际海水珍珠开放合作平台，主要职责是学习与交流海水珍珠养殖技术、育珠技术、加工技术与管理方式，建立海水珍珠养殖国家或地区互访制度，通过实践交流与指导加快南珠产业崛起。

同时，积极融入"一带一路"与"21世纪海上丝绸之路"建设，发挥广西紧靠东盟的地理优势，加强与越南、马来西亚等东南亚国家的技术交流与产业合作，协同推进北部湾国际南珠养殖基地建设，建立跨国合作的集南珠养殖、加工与技术合作为一体的综合发展基地。

南珠产业大事记

1957 年	周恩来总理指示："要把合浦珍珠生产搞上去，改变几千年自然采珠为人工养殖。"
1958 年	北海市遵照中央领导指示，成立合浦专署水产局白龙珍珠养殖试验场，熊大仁教授亲临指导，成功培育出我国第一颗海水人工养殖珍珠，填补了我国人工育珠的空白。
1959 年	广东惠阳东山珍珠场建立。
1962 年	在广州成立国家科学技术委员会水产组的"养殖珍珠专题组"，由中国科学院南海海洋研究所所长张玺教授任组长，熊大仁教授和南海水产研究所副所长吴伯文研究员任副组长。养殖珍珠专题组举办了养殖珍珠技术干部培训班，指导设立了湛江养殖珍珠实验站，协调了我国现状养殖珍珠初期的一些科学研究和生产工作。
1963 年	在大亚湾建立我国最大的海水珍珠养殖场——广东省澳头珍珠养殖场。
1964 年	北海珍珠养殖试验场改为合浦珍珠养殖总场，总部设在北海市，下设东兴白龙分场、合浦管区。
1965 年	中国科学院南海海洋研究所与广西合浦珍珠养殖场东兴分场进行的马氏珠母贝人工育苗试验获得成功。
1966 年	合浦珍珠养殖总场改为北海市珍珠养殖总场，归广西壮族自治区水产局领导，下设北海、合浦管区、东兴分场。 广东省海康县覃斗公社流沙大队珍珠场创办。
1969 年	中国水产科学研究院南海水产研究所与海南海陵珍珠场合作进行大珠母贝人工育苗试验获得成功。
1970 年	6 月，湛江水产专科学校成立珍珠研究小组，在熊大仁教授领导下对珍珠养殖和珍珠加工进行研究。
1972 年	6 月 15—17 日，全国海水珍珠养殖会议在流沙珍珠场召开。

1977—1985 年	湛江水产学院珍珠研究室进行单胞藻饵料的分离、培养工作，并筛选出饵料新种——湛江叉鞭藻，解决了珍珠贝早期幼虫的开口饵料问题，在沿海珍珠贝人工育苗中广泛使用。
1978 年	撤销北海市珍珠养殖总场，成立北海市珍珠公司，把北海、合浦管区下放到当地县、市管辖。 国家水产总局批准湛江水产专科学校成立珍珠研究室，熊大仁教授兼任研究室主任。 湛江水产专科学校的研究成果"珍珠贝人工育苗与养殖的研究——缩短育珠期"获全国科学大会奖。 中国科学院南海海洋研究所和中国水产科学研究院海南水产研究所进行的大珠母贝大型游离有核珍珠首次养殖获得成功。 中国科学院南海海洋研究所的研究项目"合浦珠母贝马氏珠母贝的人工育苗及养殖珍珠的研究"获全国科学大会奖。
1979 年	中国科学院在三亚鹿回头建立海南热带海洋生物实验站，主要进行大珠母贝及其养殖珍珠的研究。
1981 年	中国水产科学研究院南海水产研究所与海陵珍珠场合作，人工培育出 19 毫米 ×15.5 毫米的大珠母贝珍珠。
1984 年	10 月 8 日，中国水产科学研究院南海水产研究所与陵水珍珠场合作，开展的珠母贝育苗试验取得成功，直径 10 毫米。
1985 年	北海市珍珠公司与广西壮族自治区科学院研究合作，获激光育苗试验成功。
1987—1994 年	马氏珠母贝人工育苗技术进行了全面的革新，使马氏珠母贝人工育苗达到稳产、高产，在两广沿海相继建成了近千家珍珠贝育苗场，育苗水体达 50 万立方米，满足了养殖生产的需要，促进了珍珠生产的大发展。
1990 年	11 月 26 日，湛江水产学院珍珠试验站在海南省陵水县黎安港建立。
1991 年	北海市举办首届北海国际珍珠节。
1992 年	北海市珍珠公司珍珠大珠母贝进行植核试验。 时任中央政治局常委，国务院总理李鹏赞誉合浦为——"南珠之乡"。 时任中央政治局候补委员、中央书记处书记温家宝作出重要指示——"弘扬南珠文化，振兴合浦经济"。 时任中央政治局委员，国务院副总理邹家华对南珠产业的发展情况予以肯定——"珠还合浦"。

1993 年	北海市珍珠公司大珠母贝植核成功。 北海市流沙港荣辉珍珠养殖有限公司引进日本珍珠加工技术，将珍珠加工引向高科技含量、高品位、高附加值的发展之路，使国内海水珍珠出口量大增。
1994 年	10 月 18 日，湛江水产学院珍珠有限公司成立。
1995 年	合浦珍珠成为联合国第四次世界妇女大会纪念珍品，它连接了中国与世界各国之间的文化交流和友谊。
1996 年	7 月 8 日，中国最大的海水珍珠交易市场"中国南珠城"在广西北海市开业。 12 月 8—10 日，在北海市中国南珠城举办首届中国北海国际交易会。
1998 年	10 月 13 日，"湛江海洋大学珍珠文化与展览中心"成立并开业。
1999 年	湛江海洋大学珍珠文化与展览中心被广东省旅游局挂牌定为"旅游定点单位"。
2000 年	4 月 6 日，50 多个国家驻华武官参观团参观访问湛江海洋大学珍珠文化与展览中心。 9 月 9 日，第十六号强台风"悟空"在海南省陵水县黎安港登陆，全港珍珠养殖遭受重大损失。
2002 年	日本珍珠加工专家到北海珍珠公司传授加工技术。
2004 年	11 月 26 日至 12 月 1 日，第五届中国（湛江）珍珠节在湛江国际会展中心举行。
2006 年	合浦南珠被国家认定为原产地地理标志保护产品。 中国首家国家级的珍珠质检中心国家珍珠及珍珠制品质量监督检验中心在北海挂牌成立。
2010 年	"南珠王"和"海之皇冠"作为南珠文化代表入展上海世博会广西馆。南珠展品获得时任中共中央政治局常委、全国政协主席贾庆林盛赞。
2011 年	南珠成为中国－东盟博览会指定珍珠礼品。
2013 年	北海南珠文化研发展示中心被评为广西壮族自治区文化产业示范基地。
2015 年	"北海南珠文化研发展示推广中心"暨南珠博物馆被列入文化部 2015 年度丝绸之路文化产业重点项目之一。
2017 年	北海市成立北海市振兴南珠产业办公室，颁布关于振兴南珠产业扶持和奖励措施的实施意见（北政办 [2017]138 号），加快推进南珠产业发展，奋力舞起海洋经济发展龙头。
2018 年	"南珠产业振兴计划"初战告捷，形势令人鼓舞，养殖面积达 2.8 万亩，插核超过 1000 万只贝，产量超过 1000 斤。北海市振兴南珠产业办公室将加快创建南珠标准化示范基地，建设白龙南珠特色小镇，推动南珠养殖、加工转型升级发展。

人物篇

熊大仁

（1910—1981），生物学家、教育家，中国人工珍珠养殖先驱。1958年，利用马氏珠母贝开始人工植核研究，首例培育出海水有核珍珠（南珠）。1959年，编写了中国首部有关珍珠养殖的专著——《珍珠的养殖》。1962年，他指导利用河蚌植片成功培育出淡水无核珍珠，使得中国淡水珍珠养殖业迅速发展，年产量大大超过被誉为"珍珠王国"的日本，揭开了中国人工养殖珍珠的新篇章，他为珍珠产业所作贡献，被誉为"中国现代珍珠之父"。

御木本幸吉

（1858—1954），1858年1月出生于志摩鸟羽町。1893年7月在鸟羽的相岛（现更名为"MIKIMOTO珍珠岛"），他成功养殖出世界上第一颗半球形珍珠。在那之前，珍珠只能从天然母贝中采集，且多为无核珍珠，收获量极不稳定。但御木本幸吉却从养殖AKOYA母贝开始，首次经由人之手插入珠核培育出了珍珠，延续了珍珠的生命力，开启了近代珍珠发展历史的新篇章。1899年，御木本幸吉在日本银座开设第一家专营珍珠珠宝的"御木本珍珠饰品店"，为日本现代珠宝产业的发展奠定了基础。1905年，成功实现球形珍珠的养殖。珍珠界也称御木本幸吉为"养珠之父"。

主要珍珠品牌

MIKIMOTO

MIKIMOTO

MIKIMOTO，世界十大珠宝品牌之一，世界珍珠之王，位列美国富豪最爱珠宝品牌第十名。御木本是极品珍珠的代名词，在全球闻名遐迩，它的各种珍珠首饰始终向人们展示着无穷的魅力。

TASAKI

TASAKI

TASAKI，日本顶级珠宝品牌，创立于1954年，60年来形成了结合珍珠养殖、加工、销售一体的独特经营模式，并拥有品牌专属的珍珠养殖场。TASAKI始终坚持"没有经过研磨、整形，即拥有自然外形的高品质珍珠"才能被选为TASAKI珍珠，并为追求产品的整体最高品质而不懈努力。

ROBERT WAN

ROBERT WAN

ROBERT WAN，法属波利尼西亚（大溪地）著名珍珠品牌，由Robert Wan创立。ROBERT WAN 的一系列顶级的珠宝首饰以及最新设计的系列珠宝首饰，都伴随着奢华的设计，由大溪地的罕见珍珠打造而成。长期以来，ROBERT WAN拥有着全世界最优秀的珠宝设计师，创造出独特、完美、奢华的珠宝首饰。

PASPALEY

PASPALEY，澳大利亚著名的珍珠品牌，拥有超过70年的悠久历史及20多年的南洋珍珠珠宝零售经验。PASPALEY南洋珍珠以无可比拟的光泽、亮丽和体积著称，令世界顶级的珠宝商趋之若鹜。PASPALEY南洋珍珠的卓越质量，令PASPALEY这个名字于国际间成为世界上最优质瑰丽的珍珠代名词。

Hélas

Hélas品牌源自1985年在澳大利亚墨尔本成立的一个专门做顶级珍珠筛选的机构，叫做"Robin Dennell Fluorescence Pty Ltd"。Hélas以优异品质和优雅设计的珍珠珠宝为大众所认知，深受众多明星的喜爱。

HODEL

HODEL，世界顶级珍珠品牌，它源自以精湛细致工艺著称的瑞士，位于湖光山色相映衬的卢塞恩市。HODEL以珍珠的天然形状及颜色作为设计灵感根源，将古典韵味与现代气息融合。作为一家拥有着近30年珍珠经营专业经验的瑞士资深珠宝奢侈品牌，HODEL是直接接触珍珠全产业链的业界先驱，也是少数能始终做到与全球主要珍珠培育者保持稳固而长远合作关系的珠宝品牌。

阮仕珍珠

阮仕珍珠，创于1988年，是中国珠宝行业"国礼"级品牌的唯一代表、国际少有的专业珍珠高端珠宝品牌，被誉为"中国珍珠第一奢华品牌"，并以其特有的"具有中国元素精神"的国际高端珍珠作品，结合其概率极低的"高亮泽"珍珠选材标准，奠定了其在国际珠宝业界的稀有地位。

千足珍珠

千足珍珠，中国驰名商标，其珍珠系列产品获得"中国名牌产品""中国原产地标记""浙江农产品金奖产品"等荣誉称号。千足珍珠定位中高端珠宝品牌形象，将现代简约的整体风格中融入民族元素，以民族品牌的身份将最高端奢华的珍珠首饰展现到世界珠宝市场上。近几年，"千足"牌珍珠系列产品的产量、销量、市场占有率在中国同类产品中位居榜首。

京润珍珠

京润珍珠，创于1994年，诞生于中国海南省，集珍珠养殖、研发、生产、销售和文化展示于一体，横跨珍珠饰品、保健品、化妆品三大行业，中国较大的珍珠专营公司。京润珍珠饰品在设计上强调将珍珠的古典美与现代元素相融合，品种款式达1万余种，并以其华丽、温婉、高贵、典雅的风格备受人们喜爱。

佳丽珍珠

佳丽珍珠，创于1996年，是珍珠及珍珠首饰礼品行业的知名品牌，是集淡水珍珠科研养殖、首饰设计、加工、销售于一体的现代化企业。

海润珍珠

海润珍珠，创于1997年，由创始人张士忠在中国唯一滨海热带国际城市三亚市创办。海润以高品质海水珍珠为主体，淡水珍珠为辅助，在传播中国传统珍珠文化的基础上，着重突出艺术感的设计。

珍珠美人

珍珠美人，是广州祺福珍珠有限公司旗下的高端珍珠品牌。珍珠美人行业首创珍珠首饰6维品控法，以确保每件首饰能完美呈现给消费者。同时从工厂直接销售到消费者手中，省去中间商差价，同品质产品价格仅为实体店的50%。经过多年来持续稳步的发展，产品行销世界各地，深受商客的喜爱与青睐，近年来携手影视文化界频频亮相于各大电视购物频道、热门影视作品中。

天使之泪

天使之泪，具有深远影响力的国际品牌。天使之泪始终以推介和弘扬中国淡水珍珠产品及璀璨的华夏珍珠文化为己任；秉持"从制造到创造，从品质到品牌"的发展思路，凭借深厚的珠宝设计底蕴，将天使之泪的惊世之美以富于感染力的形式炫目呈现；依托现代企业经营管理理念和优秀的员工团队，立足产业，持续打造具有深远影响力的国际品牌，为中国淡水珍珠行业的发展而不懈努力。

南珠宫

南珠宫，创于1958年，坚持以科学方式培育珍珠，这里诞生出中国第一颗海水养殖珍珠。"南珠宫"作为南珠的代名词，获得了合浦南珠地理标志保护产品专用标志，并成为中国海水珍珠标准样品研制的引领者之一。

欧诗漫

欧诗漫，创于1967年，浙江欧诗漫集团旗下，珍珠十大品牌之一，集珍珠首饰系列产品的研发、生产、加工及批发、零售为一体的综合性企业。自品牌成立以来，欧诗漫一直坚持"珍珠美肤世家"的品牌定位，秉承珍珠美肤匠心精神，致力研发珍珠护肤美肤品，倡导自然健康、温和有效的珍珠护肤理念。50多年来，欧诗漫成功打造出中国范本式珍珠产业链，被誉为"珍珠美学专家"。

天地润

天地润品牌于1998年由浙江天地润珍珠有限公司注册。在20多年发展历程中，天地润品牌凭借优质的产品，经典时尚的设计风格，不断引进国内外专业的加工技术，与公司多年来自主创新的研发成果相结合的精致工艺，尤其是异形珍珠的研发和生产，引领同行之首，促进了产业的整体升级，提高了产品附加值，意义影响深远，成为国内外知名人士深爱的珍珠品牌之一。

部分珍珠企业名录

北海市旺海珠宝有限公司

北海市旺海珠宝有限公司成立于2005年，是一家从事海水珍珠养殖、设计、加工及销售的专业公司。公司目前拥有养殖海域1500亩，主要位于北海市铁山港区营盘海域。

北海市万山海投资有限公司

北海市万山海投资有限公司成立于2014年，是一家从事海洋产业投资及海水珍珠养殖、设计、加工、销售的专业公司。公司目前拥有养殖海域50亩，主要位于北海市铁山港区营盘海域。

北海市铁山港区祥瑞珍珠养殖农民专业合作社

北海市铁山港区祥瑞珍珠养殖农民专业合作社成立于2017年，是一家从事珍珠养殖、加工、销售、技术服务的专业公司。公司目前拥有养殖海域150亩，主要位于北海市铁山港区营盘海域。

北海市北山珍珠养殖有限公司

北海市北山珍珠养殖有限公司成立于2018年，是一家从事珍珠养殖的专业公司。公司目前拥有养殖海域50亩，主要位于北海市铁山港区营盘海域。

北海铭美珍珠有限公司

北海铭美珍珠有限公司成立于2017年，是一家从事珍珠养殖、加工、技术开发及宝石、玉器、首饰、工艺品销售的专业公司。公司目前拥有珍珠养殖海域1000亩，主要位于北海市铁山港区营盘海域。

广西精工海洋科技有限公司

广西精工海洋科技有限公司成立于2014年，是一家从事人工鱼礁设计施工及海水养殖、加工、销售服务的专业公司。公司目前拥有珍珠养殖海域1750亩，主要位于铁山港区营盘海域及涠洲岛南湾海域。

北海市珍源海洋生物有限公司

北海市珍源海洋生物有限公司成立于2003年，是一家从事海洋生物研究、开发、生产的专业公司。公司目前拥有珍珠养殖海域50亩，主要位于铁山港区营盘海域。

北海市铁山港区小宇宙海养养殖专业合作社

北海市铁山港区小宇宙海养养殖专业合作社成立于2017年，是一家从事海水珍珠养殖、新品种及新技术引进、技术服务的专业公司。公司目前拥有珍珠养殖海域400亩，主要位于铁山港区营盘海域。

北海市卓越湾水产科技有限公司

北海市卓越湾水产科技有限公司成立于2013年，是一家从事水产养殖、水产品加工、水产技术开发与服务的专业公司。公司目前拥有珍珠养殖海域600亩，主要位于铁山港区营盘海域及涠洲岛南湾海域。

北海金不换水产有限公司

北海金不换水产有限公司成立于2013年，是一家从事水产苗种繁育、水产品养殖研发、休闲渔业的专业公司。公司目前拥有珍珠养殖海域1000亩，主要位于铁山港区营盘海域。

北海市铁山港区珠源珍珠养殖有限公司

北海市铁山港区珠源珍珠养殖有限公司成立于2018年，是一家从事珍珠养殖、销售的专业公司。公司目前拥有珍珠养殖海域400亩，主要位于铁山港区营盘海域。

北海汇善珠宝有限公司

北海汇善珠宝有限公司成立于2017年，是一家从事珠宝首饰、工艺品销售，珍珠养殖、海水养殖技术开发等业务的专业公司。公司目前拥有珍珠养殖海域100亩，主要位于铁山港区营盘海域。

北海市铁山港区华超水产养殖有限责任公司

北海市铁山港区华超水产养殖有限责任公司成立于2019年，是一家从事水产养殖、珍珠养殖、贝类销售、珍珠及制品销售等业务的专业公司。公司目前拥有珍珠养殖海域400亩，主要位于铁山港区营盘海域。

广西北海市螺源养殖有限公司

广西北海市螺源养殖有限公司成立于2019年，是一家从事珍珠养殖、水产养殖、水产养殖技术开发及技术咨询，珍珠产品、贝类、水产品销售等业务的专业公司。公司目前拥有珍珠养殖海域400亩。

徐闻县银辉珍珠养殖农民专业合作社

徐闻县银辉珍珠养殖农民专业合作社，2009年成立，位于湛江徐闻县西连镇大井村，经营范围包括珍珠养殖、贮藏、销售。

北海国发海洋生物产业股份有限公司制药厂

北海国发海洋生物产业股份有限公司制药厂为北海国发下属分公司，是以开发生产珍珠系列药品为主的企业。该厂技术力量雄厚，生产设备先进，通过了GMP认证。生产产品有散剂、滴眼剂、片剂、冲剂、胶囊剂、口服液6个剂型10多个品种。其主要产品珍珠层粉、珍珠末及珍珠明目滴眼液均是广西优质产品；珍珠明目滴眼液曾获得北海市及广西科技进步奖、广西名牌产品称号。

北海国发海洋生物产业股份有限公司化妆品厂

北海国发海洋生物产业股份有限公司化妆品厂为北海国发下属分公司，是以海水珍珠为主要原料的化妆品专业生产厂家，该厂秉承"以科技为先，质量为本，服务为上"的理念，利用传统配方和现代科技，开发、生产出适合市场需要、深受消费者青睐的40多种海洋珍珠系列护肤品。其中珍珠维E霜、珍珠营养霜、珍珠美白洁面乳、珍珠芦荟润手霜、珍珠芦荟洗面奶等产品。

北海黑珍珠化妆品有限责任公司

北海黑珍珠化妆品有限责任公司是一家专业化妆品生产经营企业，主营化妆品、洗涤用品的研发、生产和销售。公司成立于1997年，公司总部位于北海市长青路佳利大厦A座7楼。公司下设有黑珍珠北海生产基地、黑珍珠靓白皮肤护理研究所、黑珍珠营销管理公司等分支机构，是一家有发展潜力的民营科技型企业。

广西北海市源龙珍珠有限公司

广西北海市源龙珍珠有限公司和中国高科技生物基因工程方面的科学家联手，经过10年的潜心研究，从珍珠母贝中提取天然牛磺酸获得成功，该技术属国内首创。该技术现已申请了国家专利。天然牛磺酸具有降血压、利胆保肝提神消炎和提高脑神经协调功能，促进人体对钙和维生素的吸收。多年来，国内外对牛磺酸的制取来源于化学合成。

北海市秀派珠宝有限责任公司

北海市秀派珠宝有限责任公司于2010年成立，在北海涠洲岛建立有珍珠养殖与研发基地。公司与北海市黑白金珍珠有限公司合作在涠洲岛南湾开展了大珠母贝、珠母贝的育苗、养殖、育珠技术开发。目前珠母贝育苗、养殖和大珠母贝、珠母贝育珠技术均取得了突破，为开展南洋珠和黑珍珠养殖提供了技术支撑。公司与国内外珍珠养殖方面的科研院所联系密切，开展了多项科研合作。

香港民生珠宝集团股份公司

中国香港特别行政区的香港民生珠宝集团股份公司在深圳宝安建立珍珠加工厂，属上市公司。公司致力于各类珍珠产品的加工及批发分销业务，为较大的海水珍珠加工和销售企业。

湛江荣辉珍珠有限公司

湛江荣辉珍珠有限公司，于2004年成立，经营范围包括海水珍珠养殖、珍珠及贝壳的收购、加工、销售等。

湛江龙之珍珠有限公司

湛江龙之珍珠有限公司创建于1999年，在中国南海北部湾拥有自己的珍珠养殖场和加工厂。龙之珍珠的产品有中国南珠、淡水珠、大溪地黑珍珠原珠、南洋白珠和金珠、各式项链、手链、戒指、耳环、吊坠等镶嵌产品，在湛江及深圳口岸备案并有自主进出口权。龙之珍珠坚持质量为本、诚信服务的经营原则，以不断开拓珍珠的价值为百年事业，专业而执着，生意伙伴遍布全球，并建立了良好的合作关系。

广东尊鼎珍珠有限公司

广东尊鼎珍珠有限公司，于2014年成立，经营范围包括珍珠养殖、贝苗孵化；加工销售（含网上销售）贝壳、工艺品、珠宝、首饰；技术及货物进出口，收购销售水产品；珍珠研发及技术培训等。

湛江市嘉辉珍珠有限公司

湛江市嘉辉珍珠有限公司，于2005年成立，经营范围包括海水珍珠、珍珠贝壳、珍珠纽扣、珍珠层粉的收购、加工、销售。

浙江阮仕珍珠股份有限公司

浙江阮仕珍珠股份有限公司位于浙江省诸暨市山下湖镇工业园区，是一家集淡水珍珠收购、加工、销售、科研为一体的综合性珍珠公司。目前，阮仕公司是珍珠业内最具实力、最具活力、最具发展潜力的省级骨干农业龙头企业之一，是中国目前最大的珍珠及珍珠饰品生产、贸易企业之一，在中国淡水珍珠产业中占有举足轻重的地位。

浙江山下湖珍珠集团股份有限公司

浙江山下湖珍珠集团股份有限公司位于浙江诸暨市山下湖镇珍珠工业园区，主营珍珠养殖、珍珠、珍珠饰品、珍珠工艺品，是集淡水珍珠养殖、深加工、出口于一体的珍珠龙头企业。公司注册商标"千足珍珠"。作为中国宝玉石协会常务理事单位，公司和产品先后被国家和省级机构评定为"中国珍珠龙头企业""中国宝玉石协会团体会员""农业产业化国家级龙头企业""AAA级资金信用等级""中国名牌产品""浙江农产品金奖"。

海南京润珍珠有限公司

海南京润珍珠有限公司成立于1994年，是海南最大的利用现代科学技术进行珍珠饰品加工与销售的企业之一，在海口市中心的龙华路财盛大厦建有标准的珠宝饰品设计和加工车间，拥有现代化成套加工设备和一支熟练的技师队伍，主要生产和开发高质量、高品位的海水珍珠、淡水珍珠系列饰品与黄金、铂金系列饰品。

浙江东方神州珍珠集团有限公司

浙江东方神州珍珠集团有限公司于2006年成立，位于浙江诸暨市山下湖镇珍珠加工园，主要经营珍珠养殖、加工、销售；珍珠养殖及加工技术的研究、开发、咨询、销售；珠宝首饰及有关物品的制造、销售；珍珠及其他商品的国内贸易和进出口业务；实业投资；会展服务；企业形象设计、策划；种植业等业务。

海南海润珍珠股份有限公司

海南海润珍珠股份有限公司于2009年由三亚海润珠宝有限公司改制发起成立。公司集珍珠科研养殖、珍珠饰品设计加工、珍珠生物制品开发、珍珠系列产品销售于一体，成立十多年来，坚持"专业·品质·创新"精神，秉承"海纳百川，润泽万物，追求卓越，铸造名牌"的经营理念，建立了较为完整的珍珠产业链和市场营销网络，成为中国珠宝首饰行业驰名品牌企业。

海南椰海珍珠科技有限公司

海南椰海珍珠科技有限公司始创于2001年，拥有13年的珍珠行业经验，是一家专注于高档珠宝饰品设计、生产加工、批发零售为一体的现代化企业，在国内率先提出"珍珠产品是奢侈品，不是旅游产品"的设计与销售模式，椰海珍珠坚持打造高端珠宝品牌，并先后荣获博鳌旅游论坛唯一指定珍珠品牌、"时尚中国-2012CCTV彩宝首饰设计大赛优秀奖"。

广东绍河珍珠有限公司

广东绍河珍珠有限公司，是一家集珍珠科研、养殖、加工、销售以及科普示教等多元化的高新技术企业。公司的专业技术全面，涵盖海、淡水珍珠技术的研究与应用，业务涉及珍珠饰品、珍珠化妆品、珍珠保健品等领域。公司自2010年起连续八年被评为"广东省重合同守信用企业""绍河珍珠"系列产品也被评为"广东省名牌产品"。目前，公司收藏有至今发现的最大天然游离珍珠"生命之珠"和世界最神奇最昂贵的依附珍珠"聖碟佛珠"。

广州市祺福珍珠加工有限公司

广州市祺福珍珠加工有限公司，是一家集海水珍珠养殖、海水、淡水珍珠项链及K金镶嵌珍珠首饰系列产品设计、加工、国内外批发、出口的珍珠企业，为国内成立较早、规模和实力领先、享有盛誉的珍珠企业之一。公司在国内外珍珠行业中具有较大影响力，为香港珍珠商会会员单位、中华全国工商联合会珠宝首饰行业协会常务理事单位、花都国际珠宝商会会员单位，荣获诸多荣誉称号。

诸暨天使之泪珠宝销售有限公司

诸暨天使之泪珠宝销售有限公司，成立于2016年，位于浙江诸暨市山下湖镇华东国际珠宝城。公司具有优秀的产品及专业的销售和技术团队，在发展壮大的过程中，始终坚持为客户提供好的产品和技术支持、健全的售后服务。主要经营销售、网上经营：黄金饰品、铂金饰品、珍珠、钻石、翡翠、宝玉石、工艺品等。

浙江欧诗漫集团有限公司

浙江欧诗漫集团有限公司位于中国德清，始创于1967年，是一家致力于科研、加工、销售、养殖和文化展示于一体的全球珍珠产业领军企业。公司主要经营化妆品、保健品和珠宝首饰系列产品，拥有"欧诗漫"和"樱尚"两大品牌，被誉为"珍珠美学专家"，其主导产品欧诗漫珍珠化妆品是联合国第四次世界妇女大会指定产品、浙江名牌产品。公司是农业产业化国家重点龙头企业、全国企事业单位知识产权试点企业、国家首批两化融合贯标试点企业、全国轻工成长能力百强企业、化妆品十强企业。

浙江天地润珍珠有限公司

浙江天地润珍珠有限公司成立于1985年，坐落于古老而美丽的诸暨市，是一家集淡水珍珠养殖、收购、设计、加工、销售于一体的综合性专业珍珠公司，是中国大的珍珠及珍珠饰品生产、贸易企业之一。

湛江海洋大学珍珠有限公司

湛江海洋大学珍珠有限公司是广东海洋大学全资国有企业，成立于1994年，是在原湛江水产学院珍珠研究室的基础上建立和发展起来的，是从事珍珠养殖、加工和珍珠系列产品开发研究、生产及贸易一条龙的科技经济实体。公司在海南及雷州等地设有珍珠养殖基地和育苗场，在湛江市区设有珍珠加工厂、珍珠化妆品生产厂和珍珠文化展览中心等，拥有国内一流的珍珠养殖和加工技术专家，是珍珠行业中产品最齐全的专业公司之一。

珍世缘珠宝有限公司

珍世缘珠宝有限公司成立于2001年，拥有北京、济南、西安三大运营中心。公司从最初经营淡水珍珠，到后来逐步形成了集珍珠养殖、科研、深加工、批发及加盟为一体的产销经营模式。

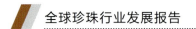
部分珍珠科研机构名录

广东海洋大学珍珠研究所

广东海洋大学珍珠研究所隶属于广东海洋大学，珍珠研究所以《国家中长期科学和技术发展纲要》和《广东海洋大学"十一五"发展规划》为指导，在研究方向上，以海水珍珠应用研究为主，兼顾基础研究；在品种方面，以马氏珠母贝良种选育为主，同时进行珠母贝（黑蝶贝）、企鹅珍珠贝、大珠母贝和淡水珍珠的研究。加强学术队伍建设，出好成果、出大成果，坚持以提高学术水平和创新能力为导向，在创新中保持特色和优势，努力争取获得国家级的科研成果；狠抓科技成果推广与转化，积极为地方经济建设服务。

广西壮族自治区水产科学研究院

广西壮族自治区水产科学研究院成立于1960年，广西壮族自治区水产科学研究院为公益性一类事业单位，增挂广西壮族自治区渔业病害防治环境监测和质量检验中心、广西壮族自治区水生野生动物救护中心。广西壮族自治区水产科学研究院是广西唯一的一所专业性水产科研机构，具备独立法人资格，主要从事水产良种培育、苗种繁育、健康养殖、渔业资源调查、渔业环境保护、病害防治等方面的研究开发、技术推广与培训；同时还承担着广西及周边省市渔业环境监测与保护、水产品质量检测、病害防治以及科技扶贫、水生动物救护、水产技术咨询和科技普及等公益性事业。

广西水产遗传育种与健康养殖重点实验室

广西水产遗传育种与健康养殖重点实验室面积1960平方米，拥有10万元以上的大型仪器50台套，总价值2243万元；同时配备了300平方米水族实验室，具备良好的学科研究条件。实验室围绕水产业发展急需解决的关键和共性技术问题，在水产良种选育、苗种繁育、健康养殖、鱼病防控等方面开展科学研究。

中国水产科学研究院南海水产研究所

中国水产科学研究院南海水产研究所成立于1953年，是中国南海区域从事热带亚热带水产基础与应用基础研究、水产高新技术和水产重大应用技术研究的公益性国家级科研创新机构。研究所主要研究领域包括渔业资源保护与利用、渔业生态环境、水产健康养殖、遗传育种、生物技术、水产病害防治、水产品加工与综合利用、水产品质量安全控制、渔业装备与工程技术以及渔业信息等10大领域。

中国热带农业科学院热带生物技术研究所

中国热带农业科学院热带生物技术研究所创建于2003年，是在热带生物技术国家重点实验室基础上组建的国家非营利性科研机构。研究所围绕种质与基因资源、作物遗传改良、微生物工程、天然产物化学、热带生物质能源、甘蔗产业技术、热带海洋生物资源利用和转基因生物安全等8个研究领域从事基础研究和应用基础研究工作。

江西省淡水珍珠工程技术研究中心

江西省淡水珍珠工程技术研究中心是江西省首个淡水珍珠工程技术研究中心，有利于江西省引进、聚集和培养淡水珍珠优秀人才，为珍珠生产经营的科技创新及成果转化提供了一个很好的研发平台，有利于充分发挥万年县的技术和产业优势及"中国优质淡水珍珠之乡"的品牌优势，推动万年县淡水珍珠生产、科研等领域的科技进步。

上海海洋大学

上海海洋大学淡水珍珠研究的历史很早，1964—1968年进行了育珠试验，并获得成功。1998年，淡水珍珠蚌种质资源创新研发团队成立，团队在李家乐教授的带领下，在淡水珍珠种质资源与品种改良领域一直走在全国的前沿。团队研究成果"淡水珍珠蚌新品种选育与养殖关键技术"获上海市科技进步一等奖，推动了我国优质大型淡水珍珠养殖生产。此外，团队还采用群体选育辅以家系选择方法，创新了彩色珍珠的培育方法，培育出三角帆蚌"申紫1号"新品种，实现了稀有紫色珍珠的规模化生产。

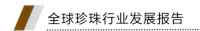
湖南省水产科学研究所

湖南省水产科学研究所成立于1959年，研究所主要从事鱼类育种、鱼病防治、水产饲料、特种水产养殖、淡水珍珠养殖、大水面增养殖及水产品加工的研究与应用，特别是鱼类良种繁育、鱼类杂交育种、特种水产养殖及淡水珍珠养殖技术。

浙江淡水珍珠深加工工程技术研究中心

浙江淡水珍珠深加工工程技术研究中心成立于2013年，其创立不仅深化了"政产学研金介用"的德清产学合作模式，而且也有助于深入推进珍珠产业转型升级，有效解决行业关键共性技术难题，延长产业链，提升附加值，实现珍珠产业持续健康发展。

江苏省淡水水产研究所

江苏省淡水水产研究所位于南京市，其前身为江苏省水产科学研究所，始建于1957年。主要开展水产种质资源保护与良种选育、渔业水域生态环境保护与可持续利用、水产疫病灾变规律与预控、水产品质量与安全等研究，以及名优新水产品种的规模化繁育与良种示范推广、渔业公共技术协同攻关咨询与科技中介服务等。

自然资源部第四海洋研究所

自然资源部第四海洋研究所（简称"海洋四所"），加挂"中国–东盟国家海洋科技联合研发中心"和"广西海洋发展研究院"牌子，是自然资源部直属的事业单位。海洋四所在市振兴南珠产业领导小组的领导下，依据北海市振兴南珠产业办公室的工作部署，履行自身职责，在2019年上半年申报了北海市科技局南珠相关项目2项；自2017年8月以来组织国内珍珠相关科研院所和企业10多家积极申报广西创新驱动重大专项"南珠产业振兴关键技术研发与产业化应用示范"项目。在北海市政府的大力支持下，海洋四所计划与北海市政府共建北海南珠研究院，前期工作已经完成。

部分珍珠设计机构名录

广西南珠宫投资控股集团

南珠宫品牌设计秉承匠心精神，注入匠造工艺，中西合璧的设计感凝聚了生命的感悟和梦想的情怀。南珠宫设计制作的"冠冕"系列、"皇袍"系列、"小仙子"系列、牡丹胸针、铜鼓胸针、"海之皇冠"相继获得国家外观专利。南珠宫，以时尚之势演绎与生俱来的东方之美，展现南珠魅力。

广州文诗朵珠宝有限公司

广州文诗朵珠宝有限公司成立于2014年，是一家珠宝首饰公司，位于广州市番禺区。文诗朵珠宝有限公司主要经营珠宝首饰的设计、定制、生产及零售。文诗朵珠宝有限公司致力于为客户推出私人定制服务，为客户量身定制个性的珠宝首饰。同时承接珠宝企业的产品设计开发、生产制作等。

深圳市大凡珠宝首饰有限公司

深圳市大凡珠宝首饰有限公司，2002年成立，是集设计、生产、品牌运营管理于一身的全球顶级珠宝品牌供应商,其一流的国际设计团队来自意大利、日本、韩国、美国和中国，秉承"品质创造价值，在创新中成长"的经营理念，以打造国际高端珠宝品牌为使命，致力于原创设计，在原创设计中展现东方文化精粹。

上海金伯利钻石集团有限公司

上海金伯利钻石集团有限公司于2000年在自贸区市场监督管理局登记成立。企业包括企业控股的成员企业，主要提供钻石切磨加工，钻石珠宝、工艺美术品的设计、制作、加工、销售，金银制品的销售及以上相关业务的咨询服务。

金银彩宝(深圳)艺术珠宝有限责任公司

金银彩宝（深圳）艺术珠宝有限责任公司是2017年在广东省注册成立的有限责任公司，经营范围主要包括珠宝首饰、金银首饰、钻石首饰、工艺品（象牙及其制品除外）、花画的销售；珠宝设计等。

深圳市魅力饰珠宝首饰有限公司

深圳市魅力饰珠宝首饰有限公司，创立于1997年，是国内规模专业生产珠托、珠扣及首饰配件的厂家。公司主要经营高中档18K金、925银珍珠空托、珠扣、首饰配件及南洋珠、金珠、大溪地珍珠等产品，并且立足珍珠、珊瑚和翡翠行业提供原创设计，由手工和半手工打造豪华高档次的首饰精品。其款式多、品种齐，是国内规模最大最齐全的首饰配件超市之一。

深圳市代波军艺术珠宝有限公司

深圳市代波军艺术珠宝有限公司，2015年成立，经营范围包括黄金首饰、铂金首饰、K金首饰、银制首饰、珠宝首饰、钻石、彩色宝石、翡翠、玉石、珍珠、工艺品的购销、宝石设计等。

天津天兔珠宝有限公司

天津天兔珠宝有限公司，中国知名互联网时尚企业，集珠宝设计、销售、时尚奢侈品销售租赁平台为一体。旗下有自媒体娱乐事业部，百万用户。公司在全国开设了12家时尚体验中心，在广州、深圳和佛山有宝石设计加工中心。